청소년을 위한

제주
4·3

청소년을 위한

제주
4·3

초판 1쇄 발행 2020년 3월 23일 | **5쇄 발행** 2024년 3월 11일

글쓴이 고진숙 | **그린이** 이해정

펴낸이 이상훈 | **편집** 한겨레아이들 | **디자인** 나비
마케팅 김한성 조재성 박신영 김효진 김애린 오민정

펴낸곳 (주)한겨레엔 www.hanibook.co.kr | **주소** 서울시 마포구 창전로 70 한겨레출판 5층
홈페이지 www.hanibook.co.kr | **전화** 02)6383-1602~3 | **팩스** 02)6383-1610
출판등록 2006년 1월 4일 제313-2006-00003호

ISBN 979-11-6040-373-2 43300

청소년을 위한

제주
4·3

고진숙 글 | 이해정 그림

한겨레출판

작가의 말

어린 시절 웃뜨르라고 불리는 중산간 지역의 밭에서 김을 매다가 사금파리를 무더기로 발견했다.

"이거 혹시 옛날 도자기? 팔면 떼돈 번다는 그런 거?"

어머니는 웃으시며 아니라고 했다.

"여기에 옛날에 집이 있었기 때문이지. 저 돌담 쪽에 감나무가 보이지? 감나무가 있으면 그곳은 사람이 살던 곳이야."

"그런데 이젠 왜 집터들이 흔적도 없어요?"

"4·3 때 소개가 되어서 그렇지."

어머니는 더 이상 얘기하지 않으셨다. 나는 어른들의 무거운 침묵 속에서 4·3에 대해 알지 못한 채 어른이 되었다.

민주화운동이 일어나고 옛날 사건들이 재조명되면서 감추어진 역사인 제주의 4·3이 세상에 알려졌다. 그러나 제주도 사람인 내게 그것은 마치 역사책에서 '사라예보에서 울린 총성이 제1차 세계대전을 이끌었고 그로 인해 수많은 사람들이 전쟁의 피해를 입었다'와 같이 별다른 감흥이 없는 사건으로 느껴졌다.

몇 해 전 고향에 내려갔다가 제주 4·3 평화공원을 들렀다. 그리고 수많은 희생자들의 각명비 속에서 고향 마을 사람들의 명단을 보았다. 우리 마을은 제주에서 아주 조그만 마을인데도 희생자의 숫자가 많았다. 그리고 무엇보다 이름을 짓지 못한 아기들 기록에 눈이 멈춘 채 얼어붙어버렸다.

오＊＊의 아기.

도대체 우리 마을에선 무슨 일이 일어났던 것일까? 무슨 일이 벌어졌길래 아기가 희생당해야 했을까?

그날부터 제주를 누비며 도서관에서 향토 자료를 찾고 그 시대를 겪은 사람들의 이야기를 수집했다. 그래서일까? 제주의 바람소리도 맑은 하늘도 한라산과 오름마저도 내게 할 말이 많은 양 쏴쏴거렸다. 나는 그 소리마저 다 들어두려고 했다.

일본의 어느 신문에서는 제주 4·3 사건에 대해 20세기 대한민국에서 벌어진 비극 가운데 전쟁을 제외하고 가장 많은 사람들이 희생당한 사건이라고 했다. 그런데도 사람들이 그 사실을 전혀 모른다는 사실이 매우 큰 충격이라고 했다. 그날의 일들을 알리는 것, 그것만으로도 그들은 위로받지 않을까 하는 마음에서 책을 썼다.

누군가 말했다. 제주 4·3은 3만여 명이 죽은 하나의 사건이 아니라 하나하나 소중한 사람이 희생당한 3만 개의 사건이라고. 나는 그 하나하나의 이름을 다 말하고 싶었다. 3만 개의 이름을……. 이제 내가 아니라도 많은 사람들이 그들의 이름을 불러줄 것이고, 이름이 불린 이들은 평화의 꽃으로 되살아날 것이다.

채 피지도 못한 채 잠들어야 했던 우리 마을의 오 아기가 이제 영면하기를…….

자료 수집에 도움을 준 귀한 벗 미혜에게 고마운 마음을 전합니다.

고진숙

제2차 세계대전의
격전지,
제주

　제2차 세계대전이 막바지로 치닫던 1944년 10월, 미군이 필리핀을 점령했다. 그러자 일본은 자기 나라를 지키기 위해 미군이 상륙할 곳을 예상하고 결사 항전하기 위한 '결호 작전'을 구상했다. 제주도는 일곱 번째 예상 지역이자 가장 유력한 곳으로 떠올랐다. 이것이 '결 7호 작전'이다. 이로써 제주도는 한반도에서 유일하게 제2차 세계대전의 격전지 중 하나가 되었다.

　1945년 6월 25일 오키나와가 함락되자 상황은 더 급해졌다. 당시 제주도 인구의 3분의 1에 해당하는 6만여 명의 일본군이 한반도, 만주에서 속속 제주로 몰려들었다. 일본군은 미군이 제주에 상륙했을 때 최후까지 싸우다 불리하면 자결하는 옥쇄 작전을 계획했다.

해안가에 굴을 파서 어뢰를 숨겨두었다가 자폭하기 위해 제주·고산·서귀포·성산포·모슬포 등지에 특공 기지가 건설되었다. 폭격기를 출발시키기 위해 모슬포 외에도 제주 읍내 동서쪽으로 두 개의 비행장을 더 만들었다. 그리고 **중산간 지역**•에도 미로 같은 인공 굴을 만들었다. 제주도민들을 인질로 끌고 가서 방패막이로 삼을 생각이었다.

굴을 파고 비행장을 만드는 데는 제주도민이 동원되었다. 건장한 남자는 이미 징용이나 징병으로 섬 밖으로 나간 상황이라 70대 노인도 강제 노역에 시달려야 했다.

겨우 수확해놓은 곡식들은 군량 물자로 공출되었다. 놋수저를 비롯해 쇠붙이란 쇠붙이는 모두 빼앗겼다. 제사 풍습을 소중히 여기는 제주 사람들에게서 제기까지 몽땅 빼앗아 갔다. 마을 사정을 잘 아는 친일파들이 이 일에 앞장섰다.

1945년 봄이 끝나갈 무렵부터 하늘로 미군 비행기가 보이기 시작했다. 미군기는 목포행 정기 여객선을 침몰시켜 수백 명이 몰살했고, 한림항 군기고를 폭격하는 바람에 주변 사람들이 큰 희생을

• 해발 200~600m 사이는 중산간 지역, 해발 200m 아래는 해안 지역, 해발 600m 위는 산간 지역이라고 부른다.

치러야 했다.

미군은 제주 상공에서 정찰을 거듭했고 폭격도 이따금 일어났다. 제주가 제2의 오키나와가 될 거란 소문이 돌았다. 오키나와에선 미군과 일본군의 공방으로 섬사람 10만여 명이 죽었다.

"큰일이네. 우리도 저렇게 되는 거 아닌가 몰라."

미군 비행기에 일본 비행기가 맥없이 격추되는 모습을 바라보는 제주 사람들의 마음은 어둡기만 했다. 일본군이 밀리면 밀릴수록 공포가 모두의 가슴속으로 스며들었다.

그때 기적과 같은 일이 벌어졌다. 히로시마와 나가사키에 원자폭탄이 떨어진 것이다. 이로써 전쟁이 끝났다. 그러나 제주에서 정작 오키나와 학살과 같은 일은 전쟁이 끝난 후에 미군정과 대한민국 정부에 의해 벌어졌다.

제주 사람에게 해방은 축복이 아니라 악몽으로 변하게 된다.

제주 역사

해녀 항쟁

1876년에 조선과 일본 사이에 맺어진 강화도 조약에는 상대국 바다에서 조업 가능하다는 조항이 있었다. 이것을 근거로 일본은 제주 바다에 잠수사를 투입하여 해산물을 싹쓸이해 갔다. 어장은 황폐화되었다. 해녀들은 돈을 벌기 위해 외지로 나가 바깥물질을 시작했다. 1895년 부산을 시작으로 남해안, 동해안, 독도에서 1903년부터는 일본, 중국, 러시아 블라디보스토크까지 진출한다.

바깥물질을 떠나면 반년 가까이 머물다 와야 하기 때문에 뱃삯, 숙소 경비와 같은 목돈을 마련해야 했다. 해녀들은 객주라고 불리는 상인들에게 돈을 빌렸고 객주들은 그 대가로 해산물을 시세의 반값에 후려치고 높은 이자까지 받아 냈다. 해녀들은 추운 바다에서 고생하고도 빈손으로 돌아와야 했다.

이것을 안타깝게 여긴 몇몇 제주 유지(지역에서 명망 있고 영향력 있는 사람)들을 중심으로 1920년에 해녀 조합이 만들어졌다. 객주의 개입 없이 직접 해녀 조합에서 판매자를 찾아 팔아준다는 말에 해녀들은 기뻐서 우르르 가입했다. 하지만 조합장인 제주도사(제주도지사)는 일본인이었다. 해녀 조합은 점점 해녀 편이 아니라 조합장과 손을 잡은 상인들 편이 되었다.

그 무렵 구좌면 하도리 해녀 부춘화와 김옥련, 부덕량은 '사립 하도보통학교 하도 강습소'라고 하는 야학을 다니기 시작했다. 그곳에서 공부하며 민족의식을 싹틔웠다. 야간 강습소 1기 졸업생들은 해녀 조합의 횡포에 맞서기로 약속하고 해녀들을 모았다.

1932년 1월 7일은 세화 오일장 장날이었다. 구좌 사람들이 모여드는 이날에 하도리 해녀 300여 명은 해녀복을 입고 호미와 빗창을 손에 들고 함성을 지르면서 시위했다. 장터에선 박수 소리가 터져 나왔고 장을 보러 온 이웃 마을 해녀들까지 합세했다. 깜짝 놀란 구좌면장은 요구 조건을 해결하겠다고 했지만 해녀들이 해산하자 약속을 헌신짝처럼 버렸다.

마침 제주도사가 제주도 순시를 돌았다. 세화에 온다는 소식을 전해 들은 해녀들은 1월 12일 세화장날에 다시 한 번 모였다. 이번에는 우도, 세화, 종달, 시흥, 오조의 해녀 700여 명이 합세했다. 만 명이 넘는 구경꾼들 가운데 꼼짝없이 갇힌 제주도사는 해녀들의 요구를 받아들일 수밖에 없었다. 이로써 제주 해녀는 정당한 가격으로 자유롭게 판매할 수 있었고, 많은 마을에서 집안의 경제를 지키는 버팀목 역할을 했다.

일제 경찰은 김옥련과 부춘화, 부덕량을 비롯 35명의 해녀들을 일 년 넘게 감옥에 가두고 고문했지만 결국 이들에게서 어떤 죄도 찾아내지 못하고 풀어줘야 했다. 하지만 해녀들에게 야학을 통해 민족의식을 불어넣었다는 죄로 우도의 신재홍, 강관순, 세화의 문도배, 하도의 오문규, 김순종 등 청년 항일운동가들이 체포되었다.

일제는 아예 항일운동의 뿌리를 뽑기 위해 제주도 전역에서 100여 명이 넘는 청년들을 검거해서 고문했다. 이들 중 38명에게 치안유지법(1925년 일제강점기에 일본 제국주의를 부정하는 운동을 탄압하기 위해 만든 법) 위반으로 유죄 판결을 내렸다. 해녀 항쟁을 도운 사람들은 전원 중형을 선고받았다. 목포형무소가 문을 연 이래 가장 형량도 무겁고 인원도 많은 사건이었다.

제주 해녀 항쟁은 1930년대 최대의 항일운동 중 하나였고 여성들이 주도한 가장 강력한 항일운동이자 생존권 투쟁임을 인정하여 정부는 야학 선생 여덟 명에게 건국훈장을, 김옥련, 부덕량, 부춘화 세 명의 해녀에게는 건국포장을 수여했다.

인민위원회와
미군정

"해방은 도둑같이 뜻밖에 왔다."

함석헌이 말했듯이 1945년 8월 15일에 거짓말처럼 해방이 찾아왔다. 일본 왕은 라디오 방송을 통해 무조건 항복을 발표했다. 이 방송을 들은 사람들은 어리둥절했다.

"진짜로 해방된 거야?"

해방의 감격을 느끼기엔 변한 게 너무도 없었다. 일본군은 여전히 무장한 채 총칼로 제주 사람들을 위협하고 다녔다. 사람들은 복수는커녕 목숨을 잃을지 몰라 전전긍긍했다. 일제 경찰은 이미 어딘가로 전부 숨어서 치안을 맡을 사람이 없었다.

강제 징용이나 징병을 당해 일본과 동남아에서 고생하던 사람들이 하나둘 돌아오면서 해방은 실감 나기 시작했다. 그들은 자신들을 죽음의 땅으로 보낸 '친일파들을 응징하고 우리 스스로 질서를 찾자'며 우르르 몰려다녔다.

어느 마을에선 강제 공출한 놋그릇이 담긴 궤짝이 구장(지금의 이장) 집에서 나오는 바람에 흥분한 청년들로부터 뭇매를 맞고 고향을 등지기도 하였다. 서로서로 자신들이 진짜 치안을 담당할 사람이라고 몰려다니며 행패를 부리기도 했다.

"친일파를 색출한다고 이 사람 저 사람 흥분해서 나서다 보면 애먼 사람들이 다칠까 그게 걱정이네."

사람들이 근심하기 시작했다. **건국준비위원회**°가 만들어진다는 소문이 들려온 것은 그때였다. 제주도 동쪽 구좌면 세화에 살고 있던 문도배는 항일운동을 함께한 동지들을 불러 모았다.

"건국준비위원회?"

"해방되었으니 우리 손으로 우리나라를 만들 준비를 하기 위해 모이자는 말이겠지."

"그래야지. 이제 일본 놈들 다 내쫓고 진짜 우리 세상 만들어야지."

°1945년 8월 15일 여운형, 안재홍 등을 주축으로 일본으로부터 행정권을 인수받기 위하여 만든 조직이다.

구좌뿐 아니라 제주 각 마을에서 가장 존경받는 사람 100여 명이 건국준비위원회를 만들기 위해 제주 읍내에 모였다. 제주 사람이라면 누구나 알 만한 사람들이었다. 노골적으로 친일 행위를 하지 않았다면 일제강점기 때 관직에 있었던 사람도 기꺼이 받아들였다.

자리를 마련한 것은 모슬포 사람인 오대진이었다. 그는 항일운동을 하다 옥고를 치른 후 일제의 감시를 피해 목포에서 장사를 하고 있었다. 그곳에서 건국준비위원회 지부가 전국에 만들어지는 모습을 보고 서둘러 돌아왔다. 오랫동안 청년운동을 이끌어온 만큼 발이 넓었다.

마침내 1945년 9월 10일에 오대진을 위원장, 최남식을 부위원장으로 한 제주도 건국준비위원회가 만들어졌다. 훗날 사람들은 이 둘을 **좌익***과 **우익***이라고 했지만 당시까지만 해도 그렇게 운명이 갈리리라곤 상상도 못했다. 오대진은 사회주의 항일운동가였고, 최남식은 부유한 판사 가문에서 태어나 교육자로서 양심을 갖춘 사람이었다. 모두가 그들이 고향 일에 앞장서왔고 앞으로도 그럴 거라고 믿었다.

---

*능력주의, 개인의 자유와 책임이 우파의 가치이고, 평등주의, 사회적 연대와 책임을 추구하는 것이 좌파라고 할 수 있다.

"우리가 힘을 합친다면 모두 잘 사는 제주를 우리 힘으로 만들 수 있을 것입니다."

위원장 오대진의 말에 모두가 환호했다. 늘 외지 사람에게 당하기만 했던 제주 사람들의 해방이란 그런 것이었다.

서울에서 건국준비위원회가 인민공화국으로, 마을별 건국준비위원회가 인민위원회로 바뀐다는 소식을 듣고 제주 사람들도 곧바로 간판을 바꿔 달았다. 인민위원회는 제주 사람들 손으로 처음 만든 자치 기구이자 행정 기관이었다.

일본군을 무장 해제시키기 위해 미군과 소련군이 지금의 남한과 북한에 각각 들어왔다. 미군은 서울에서 조선총독부 총독으로부터 항복 문서에 서명받고, 일본군을 귀국시켰다. 하지만 제주에는 해방된 지 달포가 넘어가도록 무장한 일본 군인들이 날뛰고 있었다. 혼란 속에서 치안을 유지하고 생명과 재산을 보호하는 일은 인민위원회 몫이었다. 그래서 인민위원회는 면사무소나 지서에 있는 경우가 많았다.

구좌면 인민위원회 사무실도 세화지서에 두고 청년들이 치안대를 맡았다. 구좌면 인민위원장은 문도배였다.

"허, 세상이 변한다는 게 이런 거군요. 우리를 잡아 가뒀던 세화지서에 우리가 사무실을 열게 되다니요."

구좌 인민위원회가 출범하는 날 부위원장인 김순종이 너털웃음을 지었다. 김순종도 해녀 항쟁을 도운 공로자였다.

해녀 항쟁이 일어났던 시장 거리 입구에 있는 세화지서로 출근할 때마다 문도배는 늘 그날의 함성이 들리는 것 같았다. 해방이 그 함성에 밀려왔고 그때 함께한 수많은 사람들은 인민위원회의 지지자였다.

이윽고 제주에도 미군이 도착했다. 미군은 제주에서도 일본군에게 항복 문서를 받았는데, 그만큼 제주에 있는 일본군은 수가 많고 위험했다. 일본군은 차례로 일본으로 돌아갔고 무기는 바다로 버려졌다. 문도배는 안도의 한숨을 내쉬었다. 이제 제주에는 제주 사람만 남았다. 평화가 찾아올 것이고 마을은 번영할 것이다.

얼마 후 사무실로 신임 지서주임이 찾아왔다. 주임은 제주 경찰서장의 명함을 건넸다.

"세화에 가면 위원장님을 찾아가서 이것을 전해드리라고 했습니다."

명함 뒤에는 소개장과 함께 잘 부탁한다는 말이 적혀 있었다.

"잘해봅시다."

문도배는 미소 지으며 반겼다.

주임은 치안에 관한 일을 인민위원회와 의논했다. 여전히 경찰에게 곱지 않은 시선을 보내는 사람들로부터 인민위원회는 방패 역할을 해주었다.

해방과 함께 제주에는 교육 열풍이 불었다. 학교가 만들어지고 야학과 학예회가 열리고 마을마다 악기 연주 소리, 운동회 함성 소리로 떠들썩했다. 외지로 나가 공부했던 사람들이 속속 들어와 학교 선생님이 되었다. 월급도 받지 못하고 교과서도 없어서 자신의 주머니를 털어 교재를 만들어야 했다. 그들은 대부분 인민위원회 활동에 적극적이었다.

문도배는 선생님과 아이들이 하나가 되어 밝게 뛰어 노는 세화 국민학교 운동장을 바라보며 눈시울을 붉혔다. 야학을 하는 것만으로도 감시받아야 했던 때가 아득하게 여겨졌다.

"진짜로 평화가 찾아왔구나."

아이들이 더 이상 고통받지 않는 세상이 온 것만으로도 일제 경찰에게 당한 모진 고문과 힘겨운 감옥살이도 다 보상받는 기분이었다.

그러나 해방의 감격은 그리 오래가지 못했다. 1945년 11월 10일 제주도 군정장관 스타우트 소령이 제주에 도착하여 성조기를 올림으로써 제주도 미군정 시대가 시작되었기 때문이다.

스타우트를 도와줄 제주도사 박경훈은 이렇게 말했다.

"제주는 **궨당**• 사회라서 인민위원회를 활용하면 아무 일 없이 잘

•친척이란 뜻의 제주어

해나갈 수 있을 것입니다."

"인민위원회? 그런 게 아직도 남아 있단 말이오?"

스타우트가 놀란 것도 무리가 아니었다. 10월 10일 남한 미군정 장관은 하늘 아래 두 개의 해가 없듯이 남한에도 하나의 정부가 있을 뿐이고 그것이 미군정이며, 따라서 조선인민공화국도 김구가 이끄는 중경 **임시정부**•도 불법이라고 선언했다. 이후 각 지방의 인민위원회는 차례로 격파되었다. 스타우트가 제주에 도착할 즈음엔 남한에 인민위원회가 남아 있는 곳이 거의 없었다. 그런데 제주에는 여전히 인민위원회가 있는 것도 모자라 경찰도 관리도 그 앞에서 맥을 못 춘다고 하니 믿기지 않았다.

"이대로 두었다간 큰일나겠군."

그때 마침 인민위원회와 거리를 두고 있던 제주도 유지 몇몇이 제주를 도(道)로 승격시켜달라는 제안을 해 왔다.

"제주도는 독립심이 강한 만큼 전라남도에서 분리한다면 모두들 좋아할 것입니다."

"그거 괜찮은 생각이군."

•1919년 상해에서 임시정부를 세웠지만 중국 내 사정으로 인해 일곱 개 도시를 전전하다가 1940년 중경에 정착했다. 이곳에서 광복군을 만들고 해방을 맞았다. 이후 모스크바 3상회의에서 한반도에 만들기로 한 '임시정부'와 구분하기 위해 중경임시정부라고 칭한다.

스타우트는 남한 미군정에 제주도 승격을 요청했다.

"인구가 고작 30만인 조그만 섬을 경기도나 경상북도와 같은 도로 승격시켜달란 거요?"

남한의 행정 수반인 군정장관은 시큰둥했다. 스타우트는 끈질기게 상황을 설명했다.

"제주의 경찰 병력은 200명 정도밖에 안 됩니다. 이 인원으로는 마을을 완전히 장악한 인민위원회 코털조차 건드릴 수 없습니다."

남한 미군정장관은 직접 제주에 내려와서 상황을 알아보았다. 지서에 버젓이 인민위원회 간판이 걸려 있지 않나, 마을에 공식 문서를 전달하려면 인민위원회를 거쳐야 하지 않나, 한마디로 미군의 점령지라고 볼 수 없었다.

남한 미군정 장관은 심각한 표정으로 돌아갔다. 마침내 1946년 8월 1일 전라남도에 속한 하나의 군이었던 제주는 남한의 아홉 번째 도로 승격되었다. 이에 맞춰 **제주경찰청**[*]이 새로 만들어졌고 경찰 병력도 두 배 넘게 늘었다. 또한 도 행정에 필요한 여러 관공서들이 차례로 들어섰다. **국방경비대**[*] 9연대도 신설되었다.

---

[*]제주지방경찰청은 이름이 여러 번 바뀌었다. 제주 4·3과 관련한 시기의 명칭은 제주경찰청으로 통칭하기로 한다.
[*]미군정 아래서 주로 국내 치안을 담당했던 육군의 전신.

'이제 미군의 위엄과 법의 준엄함을 보여줄 차례이다.'

스타우트는 제주도 미군정청 건물에서 엎어지면 코 닿을 데에 버젓이 간판을 내걸고 수많은 사람들로 붐비는 인민위원회 건물을 바라보며 생각했다.

미군정과 조선인민공화국

일본의 무조건 항복 선언 이후 북한엔 소련군, 남한엔 미군이 들어 왔다. 이들은 북위 38도선을 경계로 각각 나눠서 점령했다. 일본군 의 무장 해제가 이뤄지면 38선은 사라져야 했고 주둔군의 임무도 끝나야만 했다.

미군이 들어와 조선총독부로부터 행정권을 넘겨받고 다시 한국인 에게 넘겨줄 거라고 믿은 박헌영은 인천으로 미군이 상륙한다는 소 식이 들리자마자 서둘러 건국준비위원회(건준)를 해체하고 '조선인민공화국(인민공화 국)'을 선포했다. 1945년 9월 6일의 일이다. 지방에 있던 건준도 인민위원회로 이름을 바꿨다. 인민공화국은 정부 조직이므로 인민위원회도 행정적인 업무를 처리했다. 여운 형은 망명 정부인 중경 임시정부가 건준에서 출발해 전국적인 조직을 가진 인민공화국 을 당해낼 수는 없을 것이라고 생각했다.

주한미군 사령관 하지 중장은 한국의 주권을 인정하지 않았고, 주한미군이 유일한 합법 정부라고 선언했다. 공식 언어는 영어였다. 한국인들이 만든 인민공화국, 중경 임시정 부 등도 인정하지 않았다. 이로써 미군정 시대가 1945년 9월부터 1948년 8월까지 3년 간 펼쳐졌고, 분단과 전쟁이라는 비극 속으로 우리 민족을 몰아넣었다. 제주에서 인구 의 1할이 희생당한 제주 4·3이 시작된 것도 미군정 시대였다. 전범 국가 일본 대신 엉뚱 하게도 우리 민족이 벌을 받은 것이다.

민주 정부는 민주주의의 원칙에 따라 통치하지만 군사 정부는 군사적 효율과 상부의 명령에 따라 움직인다. 미군정은 민주적 절차가 아니라 상관, 즉 하지 중장의 신념과 의 지에 따라 의사가 결정되었다.

하지 중장에게는 친일을 했는지 반일을 했는지는 중요하지 않았다. 미국에 우호적인 정권을 남한에 세우는 것만이 유일한 목표였다. 결국 이 목적을 위해 일제 식민지 기구들을 그대로 두었고, 신문지법·보안법 등 악법을 남겨두거나 필요할 때마다 부활시켜 통치에 활용했다. 식민지 관리를 그대로 등용했으며 친일파 청산과 토지 개혁에 대한 요구는 묵살했다.

한편 일본에 들어간 미군은 일본 내에서 군국주의적인 전쟁 기구를 폐지하고 전쟁범죄자를 처벌했다. 또 재벌을 해체하고 토지 개혁을 실시하는 등 민주적 개혁을 단행했다. 점령의 목적이 영토 병합이 아니었기에 일본의 주권은 부정되지 않았다. 군사 정부도 설치하지 않았다. 선거로 선출된 의회가 내각을 구성해서 연합군 최고사령부의 통제하에 주권을 행사했다.

미군정이 선포되었어도 남한의 지방에서는 한동안 행정과 치안의 공백 상태를 인민위원회가 메워갔다. 138개의 시군 가운데 128개의 군에서 인민위원회가 만들어졌고, 그중 69곳의 인민위원회가 실질적인 지방 통치를 담당했다. 이들은 스스로 자치적인 행정 능력을 보여줌으로써 이후 미군정이 직접 지배를 선언했을 때 갈등을 빚었다.

1945년에 세워진 단체인 '조선인민공화국'은 이후 1948년 북한에 세워진 정부인 '조선민주주의인민공화국'과 이름은 비슷해도 완전히 다르다.

제주의 퀸당 문화

조선 시대 제주 사람들은 한 사람이 열 가지 세금을 감당해야 했다. 사람들이 견디다 못해 뭍으로 도망치자 인조 때인 1629년부터 거의 200년간 출륙금지령을 내렸다. 특별한 허락을 받지 않는 한 제주 사람들은 섬 밖으로 갈 수 없게 막은 것이다. 꼼짝없이 섬에 갇혀 세금을 내고 뭍에서 온 탐관오리에 시달려야만 했다. 출륙금지령으로 인해 육지와 단절되면서 제주는 독특한 신화와 문화, 고유의 언어를 보존할 수 있었다.

마을 사람들은 윗어른을 무조건 삼춘(삼촌), 아랫사람을 조케(조카)라고 부른다. 이것이 꼭 촌수로 3촌을 의미하진 않는다. 제주 사람들은 전부 '한 다리만 건너면 아는 사이'였고 퀸당(친척)들이었다. 이 특별한 공동체는 '퀸당 문화'를 낳았다.

이런 특유의 공동체로 인해 조선 정부에 맞선 민란이나 일제에 맞선 항쟁도 다른 지역과 달랐다. 한 사람의 문제는 퀸당의 문제이고 마을 전체의 문제이고 나아가 제주도 전체의 문제였다. 민란에 제주 사람 거의가 참가한다거나 항일운동에 마을 사람 전부가 참가한다거나 제주 4·3의 도화선이었던 3·1절 발포 사건에 맞선 총파업에 제주도민 대부분이 참가한다거나 하는 식이었다.

제주에는 육지처럼 천석꾼이니 만석꾼이니 하는 지주도 없고 자본가도 없었다. 빈부 격차도 그리 크지 않았고 척박한 자연환경 탓에 모두가 일하고 조냥하고(아끼고) 서로가 서로를 도와야만 살 수 있었다.

일제강점기 시절에 외지로 유학 간 청년들은 그곳에서 사회주의와 무정부주의 사상을 만났다. 외세의 간섭 없이 성실하게 일하는 사람들의 평등한 공동체-그것이 제주 청년들이 이해한 무정부주의와 사회주의였고, 오래도록 외세에 시달리던 제주 사람들이 꿈꿔온 세상이었다.

이들은 일제에 맞선 생존권 투쟁을 도왔고, 야학을 통해 자주 의식을 불어넣었다. 당시는 야학을 다니는 것부터가 항일운동이었고, 야학의 선생님들은 항일운동가였다. 육지에서는 항일운동을 이끌던 수많은 단체들이 변절하기도 하고 서로 싸우기도 했지만 제주에서는 일제의 탄압 속에서도 해방 무렵까지 사회주의 항일운동가들이 제주 사람들 곁에 늘 있었다.

사회주의자들은 일본으로 건너간 제주 사람들의 생존권 투쟁에도 나섰다. 김문준, 조몽구 같은 노동운동가는 아직도 일본에서 기억되는 사회운동가이다. 그들은 제주 사람만이 아니라 일본인 노동자들의 생존권 투쟁에도 함께 나섰기 때문이다.

사회주의자들은 일본으로 돈 벌러 갈 일이 많은 제주의 해녀, 노동자들을 위해 조합을 만들어 배를 사서 일본인 배보다 요금을 반 넘게 깎아줌으로써 제주인들에게 환영받기도 했다. 제주 한림 사람인 이익우는 다음과 같이 증언했다.

> "일제의 각종 수탈로 도민들의 삶은 비참했습니다. 그러나 유교 사상이나 계몽운동은 한계에 부딪혔고, 새로 유입된 사회주의 사상만이 독립운동에 유일한 힘이 됐지요."
>
> - 〈제주신문〉 1989년 9월 28일

해방 후 사회주의 항일운동가들에 의해 '인민위원회'가 만들어지자 제주 사람들은 너나없이 따랐다. 그러나 해방과 함께 미군정과 대한민국 정부는 다시 제주 사람들의 공동체를 파괴하기 시작했다. 그에 맞선 제주인들만의 방식이 제주 4·3항쟁이었다.

미군정에게서
마음이 멀어지는
제주 사람들

1946년 가을 아침. 조천에서 개업한 의사이자 조천 인민위원회 문예부장 김시탁은 다급한 목소리에 잠에서 깨었다.

"경찰들이 간판을 떼어 가버렸습니다."

믿을 수가 없었다. 누가 감히 인민위원회 간판을 뗀단 말인가? 조천은 항일운동의 성지이자 가장 강력한 인민위원회가 자리 잡은 마을이었다. 그런데 정말로 밤사이에 간판이 사라졌다. 김시탁은 즉시 사람들을 모아 경찰에 항의했지만 상대도 안 해주었다. 경찰이 이렇게 고압적인 것은 해방 이후 처음이었다.

'심상치 않은데…….'

제주읍° 인민위원회 사무실은 더 난장판이었다. 경찰이 급습해서 벽보를 떼어 가고 사무실에 있던 사람들을 잡아가버렸다. 인민위원회의 활동이 미군정의 업무를 방해하는 '미군정 포고령 2호 위반'이라고 했다.

'쌀과 자유를 달라'
'친일파를 숙청하라'

이런 구호를 적은 벽보나 전단지는 보이는 즉시 압수하고 갖고 있는 사람은 체포해 갔다.

제주도로 승격된 이후 경찰의 숫자가 늘자 친일 경찰들이 속속 복귀했다. 역전의 기회를 잡자 점점 더 기세등등해지더니 마침내 인민위원회 사무실까지 들이닥쳤다. 처음 군정을 실시할 때는 인민위원회에 협조를 구하던 미군정도 태도가 바뀌기 시작했다.

1946년 10월 남한 미군정은 '남조선과도입법의원(입법의원)' 선거를 실시한다고 발표했다. 미군정이 야심차게 준비한 이 선거에 좌익 쪽이 반대했다.

"친일파에게 기회를 주고, 남과 북이 갈라져 있는 상태에서 통일

• 당시 제주도의 행정 구역은 제주읍과 북제주군, 남제주군으로 나뉘었다. 지금은 제주시와 서귀포시로 바뀌었다. 여기서는 제주의 행정 구역을 당시 명칭으로 사용한다.

을 지연하고, 일제강점기 때 앞잡이 노릇을 한 중추원같이 미군정의 앞잡이를 만들려는 것이므로 반대한다!"

그러나 제주도 인민위원회는 선거에 참여해 모슬포의 이신호, 조천의 김시탁 그리고 구좌의 문도배가 당선되었다. 남한 전체에서 유일한 좌익 의원이었다. 이신호는 당선 직후 사퇴했고, 김시탁은 문도배와 함께 서울로 갔다. 그들은 입법의원 개원 직후인 1946년 12월 15일 서울 **민주주의민족전선**(민전)* 회관에서 기자회견을 열고 사퇴했다.

주한미군 사령관은 크게 화를 냈다.

"제주도를 괜히 도로 승격하는 바람에 입법의원을 안 뽑을 수도 없고 이게 무슨 망신인가?"

스타우트는 안절부절하여 대답했다.

"걱정 마십시오. 제가 처리하겠습니다."

스타우트의 반격이 곧 시작되었다. 문도배는 제주에 돌아오자마자 횡령 혐의와 기부금 강요 행위로 경찰에 체포되었고, 다른 인민

---

*모스크바 3상회의 결과물인 임시정부의 주도권을 놓고 남한의 여러 정치인들은 분주했다. 1946년 2월 1일에 김구 중심으로 비상국민회의가 만들어졌고, 14일에는 이승만을 의장으로 하여 미군정의 자문 기관인 '민주의원'이 발족됐다. 15일에는 좌익계에서 인민공화국을 계승한 '민주주의민족전선(민전)'이 결성됐다. 이 단체의 공동의장으로 여운형, 박헌영, 허헌, 김원봉, 백남운이 추대됐다.

위원회 간부들도 줄줄이 재판에 넘겨졌다. 제주도 인민위원회는 탄압에 못 이겨 곳곳에서 간판을 내리기 시작했다. 세상 돌아가는 일에 민감한 김시탁은 몸을 사렸다.

인민위원회는 제주 사람들이 스스로 만든 우산이었다. 외지인이나 미군이 그 우산을 걷어내고 어떤 독한 비를 뿌릴지 근심했다.

"인민위원회 말을 들으라고 할 땐 언제고 이젠 인민위원회 사람을 잡아가는 건 무슨 경우라?"

1946년 제주엔 지독한 흉년이 닥쳤다. 게다가 해방 전에 징용이나 징병으로 나갔던 사람들이 7만 명 가까이 돌아왔다. 일자리는 없고 다들 굶주리는데도 하늘 아래 하나의 해라고 큰소리친 미군정은 대책을 세워주지 않고 오히려 보리 공출에 나섰다. 논이 없는 제주에서는 보리가 주식이었다. 제주도민은 인민위원회와 똘똘 뭉쳐 보리 공출을 거부했다. 미군정은 악착같이 공출에 나섰다. 처음엔 해방군으로 여겨 열렬히 환영했던 도민들의 마음은 미군정으로부터 점점 멀어져갔다.

미군정이 학교와 관청에 양과자를 강매하자 학생들은 양과자를 거부하고 나섰다.

"식량은 다 빼앗아 가더니 미국 물건 사서 쓰고 미국 음식 사 먹으란 건가?"

"38년 전에 일제가 준 눈깔사탕을 먹다가 망해버린 일을 잊어선

안 돼."

제주 시내 중고생들은 돌아다니면서 양과자 반대 운동을 벌였다. 학생 1천여 명은 1947년 2월 10일 제주 미군정청 앞마당인 관덕정에 모여 양과자 반대 시위를 열었다.

이런 상황에서 불에 기름을 붓듯이 경찰과 미군정 관리들이 얽힌 불미스러운 사건이 잇달아 터졌다.

미군들은 조선이라는 낯선 곳, 그것도 제주도라는 듣도 보도 못한 섬에 배치되자 벌받는 기분이었다. 그러나 통역관이 화려한 연회를 열어주고 여자들을 보내주자 모두들 좋아했다.

"제주도가 마치 휴양지 같아."

미군 장교들은 통역관 친구들이 베푸는 호의에 대한 보답으로 몇 가지 부탁을 들어주었다. 통역관들은 미군정에서 관리하는 의약품이나 술을 좋아했다. 그들이 그걸 어딘가로 팔아서 돈을 챙긴다는 말을 들었지만 눈감아주었다.

1946년 여름 전국에 콜레라가 기승을 부렸다. 제주에서도 수백 명이 희생되었다. 그런데 통역관 하나가 보급된 콜레라 치료 약을 일부 빼돌려 폭리를 취하다 잡혔다. 스타우트는 소식을 듣고 그를 석방시켰다. 쥐꼬리만 한 월급으로 낯선 땅에서 고생하는 미군들의 사기를 높이는 데는 통역관들이 가져다주는 선물이 필요했다.

해방 이후 제주는 밀수선의 천국이란 말을 들을 정도로 수많은 밀수품이 중국과 일본에서 들어오고 다시 육지로 팔려 나갔다. 이것은 제주 사람들의 특별한 고향 사랑 때문이었다.

38선을 경계로 남과 북이 나뉘고 보니 전기 시설은 전부 북한에 몰려 있었다. 남한에선 공장을 돌릴 수 없었고, 물가는 천정부지로 뛰어올랐다. 그런 상황에서 미국 태평양지역 사령관 맥아더 장군이 한일 간 교역을 금지했다.

일제강점기 때 일자리를 찾아 일본으로 건너간 제주 사람들이 열심히 일하고 아껴 모아 보낸 송금은 가난한 제주에 큰 도움이 되었는데 이제는 그것을 기대할 수 없게 되었다. 일본에서 가지고 돌아올 수 있는 것은 약간의 돈과 일용품 정도였다. 그러나 제주 사람들은 옷감, 유리, 설탕 심지어 기계 부품까지 온갖 물자를 고향을 위해 보냈다.

일본에서 물건을 대량으로 들여오는 것은 밀수였다. 이 약점을 노리고 중간에서 빼돌려 폭리를 취하는 모리배가 판을 쳤다. 상인들이 전국 각지에서 몰려들었다. 마침내 식산은행 제주지점에서는 상인들이 가져온 수표를 바꿔줄 현금이 부족해 애를 먹었다.

1947년 1월 제주도의 유일한 신문인 〈제주신보〉에서는 끈질긴 취재 끝에 제주는 물론 남한을 뒤흔든 '복시환 사건'을 보도했다. 복시환이란 배에는 일본에 사는 서귀포 법환리 사람들이 고향에 전기를 놓아주기 위해 보낸 시설 자재와 학용품, 일용품 등 무려 1천만 원어치(지금의 수백억 정도의 거액)의 물품이 실려 있었다. 이 배가 해양경비대에 밀수로 걸렸는데 통역관 둘이 경찰관과 함께 빼돌렸다는 것이다.

"철저히 수사하겠소."

신문 보도가 나간 뒤 제주 경찰청장이 한 말이다.

"수사에 성역이 있을 수 있겠소? 통역관들이 나와 친분이 있다고 해도 철저히 수사하면 됩니다."

제주도 미군정 내 2인자이자 사실상 실권자인 경찰 고문관의 말이었다. 하지만 쉴 새 없이 제주 미군정 관리와 통역관의 비리가 폭로되었다. 청장이 거액을 뇌물로 받은 사실과 몇몇 경찰관이 연루된 사실도 드러났다.

점점 들끓는 제주 사람들의 분노에 당황한 경무부(지금의 경찰청)에서는 다른 지방 출신으로 새롭게 경찰청장을 뽑아 보냈다. 그리고 3·1절 집회를 앞두고 수세에 몰린 경찰과 미군정을 돕기 위해 응원 경찰 100여 명을 제주로 보냈다. 이 응원 경찰이 비극의 도화선에 불을 당기고 말았다.

미소공동위원회와
남조선과도입법의원

일본의 패전 이후 한반도 문제 처리를 위해 1945년 12월에 열린 모스크바 3상회의의 결의 사항을 요약하면 이렇다.

'남북한 임시정부의 수립과 신탁통치안에 대해 논의할 미국과 소련의 공동위원회(미소공위) 회의 개최.'

우익 진영에서는 신탁통치에 발끈해 반탁(신탁통치 반대) 물결이 이어졌고, 좌익 진영에서는 임시정부에 희망을 걸고 모스크바 3상회의를 지지하며 전국이 들끓었다.

모스크바 3상회의 결과에 따른 임시정부 수립을 논의할 제1차 미소공위가 1946년 3월 20일 개최되었다. 미소공위에서는 임시정부 수립에 참가할 정당, 사회단체를 뽑는 문제로 소련과 미국이 충돌했다. 서로 자신들에게 우호적인 정당과 단체를 더 많이 넣으려고 한 치의 양보도 없이 싸우다 결국 회의가 중단되었다. 다시 열린 제2차 미소공위도 똑같은 문제로 줄다리기만 하다 끝났다.

그동안 북한은 김일성 1인 체제가 굳어지면서 공산주의 정권이 들어설 게 뻔해 보였다. 미군정으로서는 남한만이라도 미국에 우호적인 정부의 수립을 생각하지 않을 수 없었다.

이에 따라 주한미군 사령관 하지는 남조선과도입법의원(입법의원) 설치안을 발표했다. 입법의원은 모스크바 3상회의 결정에 따른 통일 임시정부가 수립될 때까지 법령 초안을 작성해 군정장관에게 제출하기 위한 기구였다.

총 90명의 입법의원 중 45명은 하지 장군이 직접 임명하는 관선 의원이고, 나머지 45

명은 지역에서 선거를 통해 뽑는 민선 의원인데, 이 선거마저도 사실은 지역 유지들이 뽑는 간접선거였고 재산이 있는 사람만 출마 가능했다. 좌익은 선거 참여를 거부했고, 여운형과 중간파 인사들은 부정 선거에 항의하여 사퇴했다.

1946년 10월 21일부터 31일까지 실시된 선거 결과 한민당과 우익 진영 재력가들이 압도적으로 당선되었다. 부정 선거가 판을 쳤고 친일파들이 대거 부활할 수 있었다.

입법의원 의장에는 김규식이 당선되었고 의회는 1946년 12월 12일 오전 12시에 개원했다. 제정된 법령은 군정장관의 동의에 의해서만 효력이 발생했다. 여전히 남한에서 최고 권력 기관은 미군정이었다.

입법의원은 1948년 5월 19일 남한 총선거로 대한민국 국회가 구성되자 해산했다. 이 때까지 입법의원이 공포한 법률은 11건인데 비해 입법의원을 거치지 않고 군정법령으로 공포된 것은 80건이었다.

국립 경찰 제도와 응원 경찰, 친일 경찰

미군정 공보부가 1946년 7월에 실시한 대규모 여론 조사에 따르면 한국인의 85%가 '대의 기구를 통한 모든 인민의 지배(민주주의)'가 바람직한 정부 형태라고 응답하였으며 70%가 좋아하는 사상으로 '사회주의'라고 답했다. 이에 반해 자본주의라고 답한 사람은 13%, 공산주의라고 답한 사람은 10%였다.

이렇게 된 데는 많은 항일운동가들의 사회주의적 성향이 영향을 끼쳤다. 자본주의 신봉자들은 제2차 세계대전이 벌어지자 일본의 승리를 기원하고 미국의 패배를 빌었다.

미군정 장교들은 한국에 대해 너무 몰랐고 이런 사정을 파악하기엔 시간이 없었다. 막 제2차 세계대전을 끝내고 한국을 점령한 미군에게 조사 결과는 충격적이었다.

조선공산당을 비롯하여 남한의 좌익 정당과 단체들은 미국을 해방군이자 민주주의의 수호자로 여겨서 호의적이었지만 남한 미군정은 이들에 대한 탄압에 나섰고 둘은 충돌하게 된다.

미군정 입장에서 국민의 지지를 받는 좌익을 억압할 방법은 경찰력밖에 없었다. 미군정이 남한에서 선택한 경찰 제도는 '폭동과 비상사태에 일사분란하게 대처할 수 있는 중앙 집권적인 국립 경찰'제도였다. 국립 경찰 제도는 일본 제국주의가 자국의 국민을 효율적으로 통제하고 우리 민족을 억압하던 제도였다.

미군은 일본에서 국립 경찰을 해체하고 민주적이고 정치적으로 중립을 지킬 수 있는 국가공안위원회 산하에 두었다. 국가공안위원회는 총리도 건드릴 수 없는 완전히 독립된 기구였다. 하지만 남한에서는 국립 경찰 제도를 그대로 놔두었다. 모든 경찰은 경무부장의 지휘를 받았고, 경무부장 위로는 미군정청장, 주한미군 사령관만이 있을 뿐이었다. 미군은 미국의 이익을 최우선으로 하였다.

도지사가 관리하는 지방의 경찰 행정권마저 미군정청 경무부로 넘어갔다. 경무부장의 전화 한 통이면 제주도에 있는 누구든 체포하고 감금할 수 있었다. 모든 경찰서에는 공안과나 사찰과를 두어 미군정청을 반대하는 집회나 시위를 비롯 어떠한 정치 활동도 억압할 수 있도록 했다. 이 정도면 일제강점기 식민지 경찰과 다를 바 없었다.

국립 경찰 제도에 따라 서울에서 뽑은 이북 출신 경찰들을 문화도 다르고 언어도 다른 제주로 보냈다. 그것이 '응원 경찰'이다. 민주적인 자치 경찰 제도를 채택하고 있는 미국에서는 그곳의 문화와 언어를 이해 못하는 사람을 경찰로 배치하지 않았다. 문화와 언어가 다른 응원 경찰이 파견되지 않았다면, 국민들의 견제를 받는 민주 경찰로 바뀌었다면 제주에서 끔찍한 비극은 일어나지 않았을 것이다.

8·15 광복 직후 남북한 통틀어 8,000여 명이었던 경찰 인원은 1945년 11월 중순께 남한만 15,000여 명으로 늘었고, 1946년 말에는 25,000여 명으로 늘었다. 미군정이 좌익을 탄압하기 위해 경찰관의 숫자를 꾸준히 늘렸기 때문이다.

1946년 10월 1일 대구에서 쌀을 달라고 요구하는 시민에게 경찰이 발포함으로써 시작된 10월 항쟁은 전국으로 번져 경찰과 시민 간의 유혈 사태가 벌어졌다. 미군정은 결국 친일 경찰에 의존하여 사태를 해결할 수밖에 없었다. 돌아온 친일 경찰들은 간부급 자리를 장악했다. 사건 직후 군정 경찰 책임자가 보고한 자료에 따르면 경위급 이상 간부 1,157명 중 82%인 949명이 친일 경찰 출신이라는 충격적인 사실이 드러났다.

1946년 초에 새롭게 임명된 수도권 경찰서장들은 전원 친일 경찰 출신의 월남한 사람들이었다. 이들은 북한에서 공산주의자들을 피해 내려온 만큼 철저한 반공주의자였다. 이들을 뽑는 데 앞장선 사람은 일제강점기 때 경찰 간부로 이름을 날린 최경진과 최연이었다.

항일운동가들을 잔인하게 고문한 것으로 이름을 날린 최연, 노덕술 같은 고등계 출신들은 미군정 경찰로 변신, 다시 항일운동가 출신 좌익 인사들을 고문하고 탄압하는 역할을 맡았다. 이들은 친일파 청산을 내세운 모든 사람을 공산주의 혐의로 체포, 고문하였다. 많은 항일운동가들이 월북함으로써 이후 한국전쟁이란 비극을 낳는 한 요인이 되기도 했다. 맥아더 사령부의 한국에 대한 첫 보고서에는 해방 직후 한국 경찰에 대해 이렇게 말한다.

"철저하게 일본화되었으며 폭정의 도구로 능률적으로 사용되었다."

그들은 수사와 고문을 같은 것으로 여겼고, 법을 지키지 않았으며, 민주주의를 심각하게 위협했다. 그러나 미군정은 남한을 효율적으로 통치하기 위해 일본식 경찰 제도와 친일 경찰들이 필요했다.

일제강점기 경찰 출신들은 젊은 나이에 간부가 되었기 때문에 오랫동안 경찰을 장악하며, 친일 행위를 감추기 위해 민족운동가들과 민주 인사들을 빨갱이로 몰았다. 그리고 자신들은 반공정신이 투철한 애국자로 변신했다. 이후 이들은 미군정 시기뿐만 아니라 수십 년간 인권 탄압을 서슴지 않으며 독재 정권이 유지하는 데 기여했다.

프랑스에서는 제2차 세계대전이 끝난 후 독일의 앞잡이 노릇을 한 자들이 머리를 빡빡 깎인 채 거리를 이리저리 끌려다니며 얻어맞고 혹독한 대가를 치렀다. 전범자 가운데 2,000여 명이 처형됐고 30,000여 명이 수감됐다. 이렇게 프랑스를 비롯하여 유럽의 국가들은 혹독한 과거사 청산을 통해 같은 일이 반복되지 않을 것이란 국민적 믿음을 얻었다.

피로 물든
3·1절 집회

1947년 3월 1일 아침, 기마경관 **임영관**[*] 은 신경이 날카로웠다.

"도대체 얼마나 모이려고 이러는 거야?"

이미 아침 일찍부터 오현중학교에선 학생들이 한바탕 집회로 들썩거렸고, 오전 11시에 있을 3·1절 28주년 기념 행사가 열리는 북국민학교로도 사람들이 끊임없이 몰려들었다.

"제주 섬이 생긴 이래 최고 인파라네."

---

[*]1923년 판포리 출신으로 1951년 가을 한라산 물장오름에서 잔여 무장대와 전투 중 사망했다. 사망 후 경무관으로 특진해서 제주 4·3 사건으로 희생된 경찰 가운데 가장 계급이 높다.

"서쪽으로 애월까지 동쪽으로는 조천까지만 읍내에 모인대. 나머지는 각 마을에서 집회를 연다더라."

"에? 그런데도 이렇게 사람이 많은 거야?"

"그러게 말이야. 제주 민전이랑 학교에서 총동원령을 내렸대."

육지에선 10월 항쟁 이후 좌익계가 대부분 힘을 잃어갔지만 제주는 오히려 불이 붙었다. 인민위원회가 탄압받자 뒤늦게 마을마다 공회당에 수백 명씩 모여 청년 단체, 부녀 단체, 농민 단체를 만들었다. 마침내 이들을 통일적으로 지도할 민주주의민족전선(민전)이란 사회단체가 탄생했다. 육지보다 무려 일 년 뒤의 일이었다. 3·1절 행사는 이 민전에서 대대적으로 치를 예정이었다.

그러자 스타우트는 기마경관대를 만들었다. 기마경관들은 말 위에서 내려다보면 멀리까지 볼 수 있고 위압적인 분위기를 조성할 수 있어서 한 명의 기마경관이 여러 명 몫을 해낼 수 있었다.

3·1절 날 무장한 기마경관대는 말 위에서 한껏 위압감을 주며 순찰을 돌았다. 군중은 최신 무기로 무장한 미군과 기마경관의 기에 눌렸는지 슬금슬금 피했다.

"이대로 하루가 지났으면 좋겠다."

어느 기마경관의 간곡한 목소리가 거친 바닷바람 속에 들려왔다.

한편 관덕정 앞 제주경찰서에 배치된 응원 경찰들의 눈은 벌써

빨갛게 충혈되어 있었다.

"육지에서 저 정도 인원이면 우린 끝장이야. 경찰서 습격도 오 분이면 끝나겠어."

"죽창이란 거 알아? 지난 10월 그걸 들고 경찰을 찔렀대. 아, 난 아직도 밤마다 그 꿈을 꿔."

응원 경찰들은 진저리를 쳤다. 그들은 불과 석 달 전까지만 해도 수많은 시위 군중에게 경찰 수백 명이 목숨을 잃은 10월 항쟁의 소 용돌이 속에 있었다. 몇몇 경찰들은 장날 사람들이 우르르 몰려드 는 것만 봐도 가슴이 철렁 내려앉았다.

"여기 사람들도 경찰서 습격하려나?"

"내가 어제 넌지시 물어봤어. 여기에선 그런 일이 없었대. 경찰 들과는 알음알음 아는 사이라서 괜찮대."

"휴, 다행이다."

응원 경찰들은 안도의 한숨을 내쉬었다. 그러나 망루 위의 응원 경찰은 쉽사리 마음이 가라앉지 않았다. 그곳에서 내려다보니 사 람들의 모습이 섬뜩했다. 하나같이 피가 말라붙은 것 같은 갈색 옷 을 입고 머리띠를 질끈 매었으며 몸을 서로 끈으로 묶고 있었다. 그들은 난생처음 '갈옷'이란 옷을 본 것이다. 깃발이 끝없이 이어 졌으며, 알아들을 수 없는 소리가 바람을 타고 이리저리 흔들렸다.

"같은 조선 사람 맞아?"

차림새부터 말까지 완전히 다른 제주 사람들을 바라보는 응원 경찰들은 총을 쥔 손에서 자꾸만 땀이 배어났다.

오전 11시. 3·1절 28주년 기념 행사가 시작되었다. 북국민학교에는 무려 3만여 명이 모여들었다. 어마어마한 인파였다.

'모스크바 3상회의 절대 지지'
'미소공동위원회 재개 촉구'
'3·1 정신으로 통일 독립 전취'

현수막이 나부꼈고, 군중들은 대회가 진행되는 도중에 군데군데서 '미군정은 물러가라' '보리 공출 중단하라' '양과자를 팔지 말라' 같은 구호를 외쳐댔다.

오후 2시. 집회가 끝나고 사람들은 두 갈래로 나뉘어 서쪽과 동쪽을 향해 나아갔다. 시위대가 지나는 곳에서는 물동이에 물을 떠다 놨다가 목마른 사람에게 주는 여인들도 있었다.

한껏 달아오른 젊은이들은 어깨에 어깨를 걸고 '왓샤왓샤' 하면서 뛰어다녔다. 바람이 많은 제주도에서 긴 구호는 바람에 날려 들리지 않기 때문에 시작한 구호 아닌 구호가 '왓샤'였다. 이 왓샤 시위는 집회의 상징이 되면서 마을마다 왓샤 시위대가 만들어지기도 했다.

시위대는 학교를 빠져나가면서 기마경관대를 향해 야유를 퍼붓기도 했다.

"악질 경찰 물러가라."

임영관의 등줄기에선 땀이 흥건하게 배어났다.

시위대 중 서쪽에서 온 사람들이 관덕정을 지나 어느 정도 빠져나갔을 무렵, 기마경관 부동교가 칠성로에서 관덕정 쪽으로 급히 말을 타고 갔다. 손짓과 눈짓으로 보아 제주경찰서로 상황 보고를 위해 가는 듯했다.

그때 갑자기 뒤에서 여인의 날카로운 목소리가 들려왔다. 기마경관이 탄 말에 아이가 차여서 도랑에 빠진 것을 보고 큰일 난 줄 안 것이다.

"기마경관이 아이를 죽였다."

그 소리와 함께 주변에 서 있던 사람들이 우르르 부동교의 뒤쪽으로 몰려들었다.

"아이를 죽여놓고 도망가려고?"

사람들은 흥분해서 말 잔등을 할퀴고 바닥에 널린 자갈을 주워 던졌다. 심지어 말고삐를 채다 말이 흥분해 날뛰는 바람에 뒹구는 사람도 있었다. 사람들은 계속 몰려왔고 순식간에 현장은 아수라장이 되었다. 부동교는 사색이 되어서 도망가기 바빴다.

아직 다 빠져나가지 못한 동쪽 사람들이 그 광경을 보고는 몰려오기 시작했다. 임영관은 얼굴이 하얘져서 제주경찰서로 피신하기 위해 말을 몰았다. 사람들이 그 뒤를 쫓았다.

경찰서 앞에서 이 광경을 지켜보던 응원 경찰들 사이로 긴장감이 감돌았다.

"무슨 일이지?"

"글쎄, 뭐라고들 하는지 말을 통 알아먹을 수가 없네. 우리말 맞아?"

"저기 기마경관이 사람들에게 쫓기는 것 같은데? 돌도 막 던지고 주먹으로 때리고."

육지 경찰들 머릿속으로 '경찰서 습격'이란 말이 스쳤다.

그때, 누군가 방아쇠를 당겼다.

'탕!'

제주경찰서 앞 관덕정 광장 여기저기에서 구경하던 사람들이 바위틈으로 게들이 숨듯이 도망치기 시작했다. 임영관의 말 꼬리까지 따라붙었던 사람들도 순식간에 사라졌다.

'그럼 그렇지. 총소리 한 방이면 걸음아 날 살려라 도망칠 사람들이 괜히 용감한 척은.'

임영관은 앞에서 지켜보던 경찰이 공포 한 방을 쏴주었구나 싶어 안도의 한숨을 내쉬었다. 그 순간 미군정청에 설치된 망루에서 상황을 지켜보던 응원 경찰이 또다시 방아쇠를 당겼다. 그와 동시

에 여기저기서 흥분한 응원 경찰들이 너나 할 것 없이 방아쇠를 당기기 시작했다.

'탕탕탕탕탕!'

매캐한 화약 냄새와 사람들의 비명으로 순식간에 현장은 아수라장이 되었다. 열네 명이 쓰러졌고, 그중 여섯 명이 사망하였다.

> 박재옥(21·도두리.여)
>
> 허두용(15·제주북교 5년·오라리)
>
> 오문수(34·아라리)
>
> 김태진(38·도남리)
>
> 양무봉(49·오라리)
>
> 송덕수(49·도남리)

– 〈제주 4·3 사건 진상보고서〉 109쪽

망루에서 쏜 총에 맞은 박재옥은 젖먹이 아기를 안은 채 쓰러졌다. 총알이 스친 아기의 자지러지는 울음이 제주의 하늘에 울려 퍼졌다.

1947년 3월 1일 오후 2시 50분. 그렇게 제주 4·3의 비극이 시작되었다.

붉은 섬

　고물상에서 시작해 잡화점으로, 마침내 제주도에서 가장 성공한 실업가 집안의 장남으로 태어난 박경훈은 유복한 삶을 살았다. 경성제국대학 법학과를 졸업한 뒤 해방 후 첫 번째 제주도지사로 임명되었을 때만 해도 그는 고향에 헌신할 수 있다는 꿈에 부풀었다. 하지만 응원 경찰이 방아쇠를 당겨버려 그 꿈은 하루아침에 무너졌다.

　경찰은 즉시 3·1절 집회를 주도한 민전 집행부와 교사, 학생을 체포하기 시작했다. 검거된 학생들을 때리고 고문한다는 소식이 동네 젊은이들의 가슴에 불을 질렀다. 온 마을 담벼락마다 벽보가 나붙었다.

'발포 경찰의 처벌! 경찰 수뇌부의 사퇴! 경찰의 무장 해제!'

경찰관들이 밤늦게까지 벽보를 떼도 다음 날 아침이면 그보다 더 많은 벽보가 붙어 있는 상황이 반복됐다.

"사과 한마디면 끝나오. 제발 진상을 정확하게 밝혀서 사과하시오."

박경훈의 간곡한 부탁을 스타우트는 들은 체도 하지 않았다. 남한 미군정 경무부장 조병옥의 발표문은 한술 더 떴다.

"경찰관의 발포는 폭도를 선동하는 자가 있는 한 불가피한 일이었다. 파괴 집단이 있는 한 엄중한 수단을 쓸 수밖에 없다."

박경훈은 착잡한 마음을 가늘 길이 없었다.

'이제 상황이 어디로 갈지 아무도 모르게 되었구나.'

미군정은 결코 잘못을 인정하지 않을 것이고 민심을 추스르기보다 강경하게 나올 것이란 것을 직감했다. 제주도지사로서 도민의 생명을 보호하지 못한 죄책감이 가슴을 훑고 지나갔다. 관덕정 앞에서 쓰러진 여섯 명의 **억울한 영혼들의 한을 어찌 풀어줘야 할지**

• 제주도립병원 내과 과장 김시존 씨 말에 따르면 경관이 쏜 총탄에 쓰러진 피해자를 검진한 결과 한 사람만 빼놓고 나머지는 전부가 뒤를 맞은 것이 판명되었다. 피해 장소는 경찰서와는 상당히 떨어져 있는 큰 건물의 처마 밑 또는 골목 한 모퉁이었다. 이것만 보더라도 그들이 도망가던 군중이었으며 얼마나 무저항이었는지 알 수 있을 것이다. - 〈독립신보〉 1947년 4월 5일.

가슴이 먹먹했다.* 그들이 왜 죽어야 했는지, 아무리 생각해봐도 알 수가 없었다. 박경훈은 '사직서'라고 쓴 봉투를 주머니에 넣었다.

발포 사건 이후 제주도청은 벌집을 쑤셔놓은 듯했다. 직원들은 유가족을 위한 모금을 했고 파업을 결의했다. 한두 명을 제외하고 도청 직원 전원이 파업에 참가한 우리나라 역사상 전무후무한 일이 일어났다. 이것을 시작으로 학교, 은행, 우체국, 조합, 단체, 운수 회사, 미군 통역관까지 파업을 했다. 가게들도 문을 닫았다. 학생은 동맹 휴업을 결의했고 몇몇 지서에서는 경찰관마저 파업에 동참했다. 중문지서에서는 책임자인 주임을 포함한 여섯 명 전원이 벽보를 게시판에 붙이고 지서를 떠났다.

"우리는 악독한 명령에 복종할 수 없으므로 직장을 떠난다."

발포 사고로 사망한 유가족을 위해 써달라며 도민들이 보낸 성금이 〈제주신보〉로 끊임없이 들어왔다. 그중에는 응원 경찰이 보낸 성금도 있었다.

많은 제주도민들이 들고 일어나 항의했지만 경찰 간부들은 잘못을 인정하지 않았다. 그들은 미군정이 더 이상 자신들의 힘을 빌리지 않고서는 남한을 통치할 수 없다는 것과 친소련 공산주의자란 말만 나오면 하지 사령관이 즉각 반응할 것이란 사실을 알았다.

"제주에서 응원 경찰의 발포가 잘못되었다고 인정하면 어찌 되는지 아시오? 경찰은 도덕적으로 큰 타격을 입게 될 것이오. 응원 경찰은 작년 10월 폭동을 막아냈소. 다시 그런 일이 벌어지면 응원 경찰을 보낼 수가 없고 나라는 친소련 공산주의자에 의해 접수될 것이오."

제주 전체가 파업으로 맞선 날 미국은 **트루먼 독트린°**을 선포했고 냉전이 시작되었다. 하지 주한미군 사령관은 남한 최고통치자로서 남한 내 국민의 생명과 재산을 보호할 책임을 지고 있었다. 하지만 그는 미국의 군인이었고 저 멀리 미국의 이익이 우선이었다.

'레드 아일랜드.'

주한미군 사령부는 제주를 '빨간 섬', 즉 친소련 공산주의자가 장악한 적지로 보았다. 미국의 적은 제주에 있었다. 미국은 민주주의를 심기 위해서라는 명분으로 남한을 점령했지만 고문을 눈감아 주었고, 지역 사정을 모르는 경찰을 보내지 않는 미국의 원칙을 이곳에서는 따르지 않았다.

°독트린이란 자기 나라의 정책 상 원칙을 국제 사회에 공식적으로 밝히는 것을 말한다. 1947년 3월 12일 미합중국 대통령 해리 트루먼은 의회에서 공산주의 세력의 위협에 대항하는 지역을 돕기 위해 군사·경제 원조를 제공해야 한다는 '트루먼 독트린'을 발표했다. 이로써 세계는 냉전 체제에 휩싸였다. 자본주의 진영과 공산주의 진영의 총성 없는 전쟁을 냉전이라 했다.

책임을 지지 않게 된 경찰 간부들은 안도했다. 일제강점기에 가장 출세한 조선총독부 경찰 간부이자 해방 후 경찰 2인자인 경무부 차장으로 화려하게 부활한 최경진은 기세등등하게 말했다.

"제주도 주민의 90%가 좌익 색을 띠고 있소. 이번 사태를 해결하기 위해 300명의 응원 경찰을 더 보낼 생각이오."

조병옥 경무부장은 직접 응원 경찰을 이끌고 서울에서 제주로 내려왔다. 조병옥은 제주의 관공서와 지서를 돌아봤다. 파업으로 텅 빈 그곳을 마주칠 때마다 화가 머리 꼭대기까지 치밀어 올랐다. 파업 중인 우체국장을 폭행하고 인민위원회 간판이 보이면 신경질적으로 떼어냈다.

조병옥이 다녀간 뒤로 경찰들은 파업에 참가한 사람, 전단지를 붙이다 걸린 사람, 3·1절 기념식에 참가한 사람 수백 명을 잡아갔다. 응원 경찰은 잡혀 오는 사람들을 때리기부터 했다. 파업에 참가한 경찰관 66명은 전원 파면되었다. 그 자리를 메운 응원 경찰은 다시 중문에서 총을 쏘았고 마을 사람 여덟 명이 다쳤다. 경찰은 또 정당방위라고 발표했다.

서울로 올라간 조병옥은 응원 경찰 100명을 제주로 더 내려보냈다. 제주 출신 경찰보다 훨씬 더 많은 응원 경찰들이 제주 곳곳에서 사람들을 감시하기 시작했다. 일제강점기, 제주에는 101명의 경찰만으로 충분했지만 해방이 되자 경찰을 수백 명씩 늘려가도 늘

모자랐다.

해방의 함성이 가득했던 거리마다 겹겹이 둘러싼 경찰들의 총과 칼만 날카롭게 번뜩였고 사람의 자취는 보기가 어려울 지경이었다. 을씨년스러운 바람만 매일 세차게 불어댔다.

"파업을 해본들 우리 미군정엔 아무런 고통도 못 준다는 걸 모르시오? 누가 고생하겠소. 빨리 진정시키시오."

스타우트는 박경훈을 재촉했다. 마치 의도한 것처럼 미군정은 식량 배급도 못 한다고 잡아뗐다. 이대로 두면 제주 사람들이 고통받는다는 것을 알기에 박경훈은 힘없이 일어나 도민들을 향해 호소문을 만들었다.

> "명석하신 각 관공서, 사회단체의 동포 여러분이여! 직장을 지키십시오. 직장으로 돌아가주십시오. 도탄에 빠진 도민의 민생을 위하여! 오는 앞날 우리의 통일 민주 독립을 위하여!"
>
> 1947. 3. 22.
> 제주도지사 박경훈

파업은 진정되었다. 그로부터 한 달 후 박경훈은 사임했다. 3·1절 집회를 주도한 혐의로 검거된 제주 민전 의장의 후임은 다름 아닌 박경훈 전 제주도지사였다. 그가 모두를 깜짝 놀라게 한 이 결정을 하게 된 것은 그것이 제주도민을 지키기 위한 길이라고 믿었기 때문이다. 그러나 그가 막기엔 너무 큰 파도가 제주 섬을 향해 밀려오고 있었다.

공포의
섬으로
변해가는
제주

　대지주의 아들로 태어난 유해진은 일제강점기 일본 유학 중에도 품위를 유지했다. 기차는 침대칸만 탔고, 영국인 가정 교사를 두었으며, 승마를 즐겼다.

　박경훈의 뒤를 이어 제주도지사에 임명된 유해진은 서울에 사는 제주 사람들이 베풀어준 환송 행사에서 이렇게 말했다.

　"제주도 상황이 좋지 않은 것은 잘 알고 있소. 나는 극우와 극좌를 빼고 중간적인 입장에서 행정을 펼 것이오."

　1947년 4월 21일 유해진은 마치 점령지에 상륙하듯이 제주도에 발을 디뎠다. 뒤에는 건장한 서북청년회(서북청년단 혹은 서청, 서청단) 출신 개인 경호원들이 함께 내렸다. 그들이 이후 제주를 파국으로 끌고 갈 것을 예고하듯이 제주에는 고사리 장마가 거듭되었다.

유해진은 도착하자마자 도청 직원들을 모아놓고 일장 연설을 늘어놓았다. 180센티미터가 넘는 큰 키에 검은색 안경을 끼고 망토를 걸친 모습이 마치 조선총독부 총독 같았다.

"우리 민족은 스스로 나라를 세울 능력이 있다는 것을 보여주어야 하오. 그런데 당신들이 앞장서서 파업을 했다고? 당신들이 폭도요?"

유해진은 특히 이관석 학무과장을 더 나무랐다. 학무과장은 지금의 교육감과 같아서 제주도 학교 행정의 총책임자였다.

"교사들이 3·1절 폭동을 주도하고 파업을 선동하는데 그들을 설득해 학교를 지키라고 해야 할 사람이 앞장서서 총파업에 나섰단 말이오?"

"희생자 중에는 학생이 있습니다. 진상 규명을 요구하고 책임자를 처벌하라는 선생과 학생의 주장은 당연한 거 아니겠습니까?"

이관석은 지지 않고 맞섰다.

"이미 진상 규명은 끝났다고 경무부에서 발표하지 않았소? 그들이 모두 폭도라고 말이오."

"그렇지 않기 때문에 제주도민 전부가 일어선 거 아니겠습니까?"

유해진은 부아가 치밀어서 몸을 부들부들 떨었다. 이런 생각을 가진 사람이 학무과장이라면 제주도 교사들은 어떨지 뻔했다.

'도무지 가망이 없는 곳이군. 서울에서 들은 것보다 훨씬 더 좌익으로 기울어서 사리 분별도 못하는 동네가 되어버린 듯하군.'

유해진과 이관석은 다시 교사들 문제로 충돌했다.

해방 이후 제주는 교육열이 뜨거운 지역 가운데 하나였다. 헌신적인 교사들 덕분이었다. 마을 사람들과 학생들도 교사를 믿고 따랐다. 교사들은 대부분 3·1절 집회에 참가했고, 이후의 파업에도 참가했다. 유해진은 그들을 전부 자리에서 내쫓았다. 이관석이 반대하고 나섰다.

"교사가 없어서 수업을 할 수가 없습니다. 제주는 작아요. 그렇게 선생들을 다 내쫓아버리면 어떡합니까?"

유해진은 눈 하나 깜짝하지 않았다.

"교사라면 얼마든지 있소."

그가 새롭게 데려온 교사들은 이북 출신이었다. 가장 강력하게 총파업에 나선 대정중학교는 제주 사람보다 이북 출신 교사가 더 많았다. 보다 못해 교육계 원로들이 충고했다.

"아이들의 정서를 이해하려면 제주 출신 사람이 가르쳐야 합니다."

유해진은 손을 내저었다.

"지금 제주도 교육 현장에 필요한 사람은 이북 출신 인재들이

오."

유해진이 보기에 제주 사람들은 키도 작고, 말투도 거칠고, 천박해 보이는 홑겹 옷 갈옷을 입고 있었다. 교양이라곤 눈곱만큼도 없어 보이는 제주에 유능한 교사를 소개해줄 수 있어서 기쁜 듯 보였다.

> *"제주 사람은 본토의 같은 계층 사람들보다 더 높은 수준의 지능과 신체적 조건을 가진 것으로 여겨진다."*
>
> *- 1949년 4월 9일 미군 보고서*

이것은 유해진이 제주를 떠난 뒤 만들어진 보고서이다.

미군정은 제주도의 모든 인사권을 도지사에게 넘겼고 유해진은 권한을 아낌없이 썼다. 마음에 안 드는 공직자들에겐 좌익 딱지를 붙였고, 그 자리는 이북 출신들로 채워갔다. 이관석 학무과장을 제일 먼저 내쫓았다. 앓던 이가 빠진 듯 후련했다.

이북 출신들이 제주 경찰을 장악했다. 이들의 비호 아래 제주에도 **서북청년회**˙가 경찰처럼 활동하기 시작했다. 좌익 인사들과 집

˙38선으로 분단된 후 소련과 김일성에 반대해 남한으로 내려온 청년들이 서로 일자리 정보도 나눌 겸 만든 것이 서북청년회(서청)였다. 서북이란 관서(평안도)와 해서(황해도), 그리고 관북(함경도) 지방을 합친 말이다.

회 참가자들을 눈이 벌겋게 찾아다니며 다짜고짜 두들겨 팼다. 그때까지만 해도 테러라곤 일어나지 않았던 제주도를 무법천지로 떨어뜨렸다.

처음 피난민으로 제주에 왔을 때만 해도 엿장수도 하고 이것저것 닥치는 대로 일거리를 찾아다니던 서청 사람들은 이승만의 사진이나 태극기를 제주 사람에게 억지로 팔아 생계를 해결했다. 그리고 여러 구실을 붙여 제주 사람들의 물건을 빼앗아 갔다. 그들은 공산주의자 때문에 고향을 떠나야 했던 분노를 제주 사람들에게 퍼부었다. 제주 사람들은 그들이 나타나면 숨기 시작했다.

도지사는 모임이나 집회를 허가할 권한이 있었다. 유해진은 자신에게 주어진 권한을 아낌없이 썼다. 좌익 성향이라고 여겨지는 단체의 집회나 모임은 모조리 불법으로 처리해서 체포하게 했다. 법을 오래 공부한 사람답게 합법과 불법에 능숙했다. 마을마다 청년들은 그 무엇을 하든 불법 딱지를 받았다.

제주도민들은 보리 공출을 또다시 거부했다. 전국적으로 곡물 수집이 순조로웠지만 제주에선 그렇지 못했다. 유해진은 마음이 급해져 우익 단체를 동원했고 결국 곳곳에서 도민들과 충돌이 일어났다.

제주의 청년과 학생들은 집회와 시위가 불가능하게 되자 전단지를 만들어 돌렸다. 그러면 경찰은 이들을 잡겠다고 기를 쓰고 마을을 뒤지고 다녔다. 경찰과 도민이 충돌하면 도지사가 중재에 나서야 하고, 도민과 도지사가 충돌하면 미군정청에서 중재해야 했지만 제주도 미군정청장은 모른 체했다.

3·1절 발포 사건의 후유증은 컸다. 마을 사람과 경찰 간에는 보이지 않는 벽이 생기고 있었다. 때론 경찰이 다치고 때론 주민이 다쳤다. 마을 사람들은 도대체 왜 사사건건 불법이고 체포하려는지 이해할 수 없었다. 청년과 학생들은 더 적극적으로 저항했다. 그럴수록 경찰은 더 집요하게 체포했다. 유치장은 이미 초만원이었다.

곳곳에 유해진을 처단하라는 벽보가 나붙기 시작했다. 겁에 질린 유해진은 경호원으로도 모자라 경찰에 부탁해 권총을 구해 끌어안고서 잠들곤 했다.

제주 사람들은 자식을 도피시키기 시작했다.

"얼른 도망가야겠다. 대가 끊기면 안 되지."

육지나 일본으로 갈 수 있는 사람은 부유한 집안 사람들이었다. 가난한 청년들은 산으로 숨는 것 말고 길이 없었다.

일본에 있는 재일동포들 중에는 1947년 제주에서 떠나온 사람들이 매우 많았다. 일본에 저항했던 이들은 정작 해방되자 고향을 떠나 일본으로 향했다. 대한민국 정부는 이들을 원하지 않았고, 고향에 돌아올 수 없게 된 사람들은 더러 북한으로 넘어갔다. 그들에게 해방은 무엇이었을까?

1947년 여름, 한반도에 통일 정부를 수립하기 위해 열린 미소공동위원회는 결국 완전히 깨져버렸다. 한반도 문제는 유엔으로 넘어갔고, 유엔은 미국 편이었다. 우리 민족의 자주적 권리는 여전히 무시되었다.

이승만은 단독 정부 수립을 들고 나와 지지자를 모으기 시작했다. 우익 진영이 이승만을 중심으로 뭉쳐 그 기세가 날로 뻗어갔다. 제주 청년들은 이승만을 지지하는 대동청년단(대청)에 가입하기 시작했다. 그것만이 경찰에게 시달리지 않고 살아갈 길이었다. 대청단원은 대부분 배지와 총만 안 든 경찰처럼 행동했다. 우익 진영이 강해지자 경찰은 선을 넘기 시작했다. 어린아이까지 무차별 체포한 것이다.

남한 미군정장관 딘 소장이 제주도를 살펴보기 위해 도착하자 학교와 직장이 문을 닫아버렸다. 제주도민은 싸늘한 침묵으로 항의했다. 곁에서 수행한 유해진은 안절부절 어쩔 줄 몰랐다. 딘 소장은 조선이 독립 국가로 일어서는 데 어려움을 극복하려면 협력이 필요하다는 짤막한 말만 남기고 제주를 떠났다.

결국 미군정 정보기관에서도 경찰과 유해진을 심각하게 보기 시작했다.

"빠른 시간 안에 경찰이 정의를 회복하지 못하고 이런 식으로 몰아붙이면 온건한 좌익들마저 극단적 선택을 할지도 모른다."

　제주 경찰 수뇌부는 점점 이북 출신으로 채워졌고, 서청은 위력을 떨쳤다. 유해진에 대한 비밀스런 조사도 시작되었으나 그것은 아주 오래 걸렸다. 제주는 공포의 섬으로 변해가고 있었다.

윤희춘 여사의
영원한
기다림

　　1948년 1월 8일. 유엔한국임시위원단[*] 이 서울에 도착했다. 지구
촌도, 유엔도, 서울도 낯선 제주 영락리 윤희춘의 비극이 그렇게 시
작되었다.

　　윤희춘 부부는 가난하지만 자식 농사 하나만은 남부럽지 않았
다. 성실하고 우애 깊은 육 형제를 두고 있었고 조카들까지 대가족
이 옹기종기 모여 살았다.

　　둘째 아들 양은하는 똑똑하고 말을 잘했다. 1946년 여름 김구가

---

[*]미소공동위원회가 무산되자 남북한 인구 비례에 의한 총선거가 유엔에서 결정되었고,
공정한 감시 및 관리를 위해 8개국 대표로 구성된 유엔 산하의 임시 기구를 만들었다.

제주도를 방문했을 때 양은하가 김구와 나란히 연설한 것을 부부는 내내 자랑스럽게 생각했다.

윤희춘은 그 후로 입만 열면 '김구 선생, 김구 선생' 하는 양은하가 우습기도 하고 대견하기도 했다. 말 잘하고 사람들을 모아놓고 일을 벌리는 거 보면 나중에 면 서기라도 하려나 싶었다. 양은하는 김구 선생 뒤에 말을 하나 더 붙이기 시작했다. '통일 조국 건설'이었다.

1948년이 되자 양은하는 주변 마을 학생들을 모아 학생회를 만들고 그 지도를 맡았다.

"우리 연극 하나 만들어서 마을 사람들 앞에서 공연하자."

양은하의 제안에 아이들은 설렜다.

연극은 1948년 2월 8일 영락리 향사(마을 회관)에서 열렸다.

'남한만의 단독 선거로 단독 정부가 들어서면 남과 북이 전쟁을 벌일 것이다. 미국과 소련이 그 전쟁에 합세하면 한반도에서 제3차 세계대전이 벌어질 것이다. 반드시 모두 힘을 모아 통일 조국을 만들어야 한다'는 내용의 연극은 많은 박수를 받았다.

"조그만 녀석들이 목소리도 크네."

"그러게 말이야. 마을에서 봤을 때는 코만 찔찔거리고 수줍어하던 애들인데, 다시 봤어."

동네 어른들의 칭찬에 학생들은 우쭐했다. 양은하도 덩달아 기분이 좋아졌다.

다음 날 무릉지서에서 고일수 순경이 찾아와 다짜고짜 양은하를 잡아갔다. 지서에 도착하자마자 몽둥이찜질이 시작되었다. 윤희춘은 아들이 잡혀갔다는 말을 듣자 그길로 지서로 갔다.

"죄가 없으면 돌아갈 거니까 집에 가서 기다리시오. 지금은 조사 중이오."

경찰관은 차갑게 말하고 들어가버렸다. 굳게 닫힌 지서의 문은 열릴 줄 몰랐다. 윤희춘은 그날부터 매일 아들의 도시락을 싸서 지서로 갔다. 일주일 후 양은하는 모슬포지서로 넘겨졌다.

"어머니, 걱정 마세요. 별일 없을 거예요."

어쩌다 면회가 되면 아들은 이렇게 말했다. 그러나 건장하던 몸은 많이 축나고, 군데군데 멍이 들어 있었다. 아들을 볼 때마다 가슴이 미어졌다.

1948년 2월 7일은 설날이었다. 그날 남한 곳곳에서는 총파업과 시위가 벌어져 수많은 사람들이 다치고 검거되었다. 단독 선거 반대 의사를 유엔한국임시위원단에 전달하기 위해서였다.

제주도는 설날에 친척과 동네 어른에게 세배를 드리는 일을 매우 중요하게 여겼기에 그날은 아무 일도 벌어지지 않았다.

그다음 날인 2월 8일, 양은하가 영락리 향사에서 연극의 막을 올릴 즈음, 제주도 19개 마을에서 담을 쌓아 도로를 차단하고 북치고 깃발 흔들며 단독 선거 반대를 외치는 왓샤 시위가 벌어졌다. 일부 마을 청년들은 기세를 올린다고 지서에 우르르 몰려갔다 총에 맞고 흩어지거나 꽁꽁 문이 닫힌 지서에 돌을 던져 유리창을 깨뜨렸다. 이 사건은 곧바로 지서 습격이라는 어마어마한 사건으로 부풀려졌다. 그것만으로도 경찰은 경기를 일으키며 폭동이라도 난 듯이 굴었다. 제주도 전역에서 닥치는 대로 청년들을 잡아가기 시작했다. 양은하도 그중 하나였다.

2월 26일 유엔은 많은 한국인들의 바람과는 달리 남한만의 단독 선거를 결정하였다. 단독 선거 반대 목소리는 더욱 커졌다. 유엔은 선거를 반대할 자유를 인정하였지만 남한 미군정장관 딘 소장은 그것이 북한의 모략에 걸려든 것이라며 단호하게 대처하겠다고 했다. 기다렸다는 듯이 조병옥 경무부장은 선거 방해자 전면 단속에 나섰다.

이북 출신 경찰 간부에게 장악당한 제주 경찰은 단독 선거 반대를 주장하는 사람을 흉악범보다 더한 범죄자로 취급했다. 유치장은 초만원이었고, 고문당하는 비명이 끊이지 않았다. 마을마다 청년들은 육지로 일본으로 도망쳐야 했다. 그리고 산으로 오르는 청년들이 많아졌다.

3월 6일 조천지서에서 조천중학교 학생 김용철이 고문받다 숨졌다. 조천지서장부터 윗선인 수사과장, 제주경찰서 서장이 모두 이북 출신이었다. 그들은 똘똘 뭉쳐 사건을 숨기려고 했다. 이북 출신이면서 의사 면허를 가진 제주도청 보건후생국장은 검시의 자격으로 이렇게 보고했다.

"원래 김용철은 몸이 약했고 지병으로 죽은 것이다."

유족과 조천 사람들은 남녀노소 할 것 없이 들고 일어나 재부검을 요청했다. 상황이 심각하다고 느낀 미군 정보기관에서 재부검을 지시했다. 아직 검찰이 경찰보다 목소리가 큰 시절이었다. 채용병 검사는 끝까지 밀어붙여서 제주 출신 의사 장시영을 부검의로 임명했다.

경찰은 장시영에게 회유와 협박을 끊임없이 했다. 온몸이 시커멓게 멍들어 있는 소년의 사체는 누가 봐도 맞아 죽은 것이었다. 장시영은 어금니를 꽉 물고 검시 보고서를 썼다.

'타박으로 인한 뇌출혈이 치명적인 사인으로 인정된다.'

고문에 의한 사망이란 결론이었다. 즉시 경찰관들이 체포되었고 재판에 넘겨졌다.

제주도 반대편에서 이런 일이 벌어지는 줄은 꿈에도 모른 채 윤희춘은 3월 14일에도 도시락을 싸 들고 모슬포지서로 갔다.

"양은하는 서귀포로 옮겼소. 여기 없소."

경찰관은 도시락을 받지 않고 윤희춘을 돌려보냈다. 아들은 서귀포경찰서에도 없었다. 윤희춘은 다시 모슬포지서로 찾아갔다.

그런데 이상하게 문이 꽁꽁 잠겨 있고, 안에서는 아무 소리도 들리지 않았다. 그때 지서 근처에 살고 있는 사람이 조용히 다가와 말했다.

"매일 밤마다 고문받는 소리가 귀가 아프게 들리더니 어젯밤부터 조용해요. 경찰들도 어디론가 사라졌어요."

윤희춘은 눈앞이 캄캄했다. 얼른 소식을 알리기 위해 영락리로 돌아갔다.

마침 양은하의 할머니 소상날(사망한 날로부터 일 년이 지난 뒤에 행하는 상례 의식)이라 일가 친척들 17명이 상복을 입은 채 지서로 한달음에 달려갔다. 덩치 큰 남자들이 순식간에 지서 문을 부수고 안으로 들어갔다. 안에는 양은하의 시체만 덩그러니 남겨져 있고 마당에는 파놓은 구덩이가 있었다.

경찰은 뻔뻔하게도 마지막까지 아파서 죽은 것이라고 둘러댔다. 그러나 유족의 강력한 요청으로 검시가 진행되어, 고문에 의한 사망으로 확인되었다. 그동안 경찰은 한 명을 제외하곤 다 도망갔다.

제주도는 벌컥 뒤집혔다. 살기 위해서라면 무슨 수든 써야 했다. 전단지 하나 돌리다 잡혀도 죽을 수 있었다. 앉아서 죽을 것인가, 싸우다 죽을 것인가. 남로당 제주지부 지도부에서는 심각하게 논쟁을 벌였고 12 대 7로 봉기가 결정되었다.

1948년 제주 4·3 사건 당일 새벽 오름마다 봉화가 오르면서 무

장봉기가 시작됐다. 열두 지서가 공격당했고 우익 단체 주요 인물의 집이 습격당했다. 첫 번째 희생자는 무릉지서에서 양은하를 체포한 고일수 순경이었다. 고문치사 사건이 난 후 마을 사람들의 따가운 눈초리를 피해 남원지서로 옮겼지만 무장대는 기필코 찾아내 죽였다. 공권력이 법을 지키지 않으면서 제주도는 피의 복수가 난무하는 무법천지의 나락으로 떨어졌다.

양은하의 아내는 세 살 난 아이를 데리고 경찰을 찾아다니며 남편을 내놓으라고 울부짖다가 그해 말 군인들에게 총살당했다. 아이도 결국 오래 살아남지 못했다.

양은하의 두 동생은 경찰에 복수한다고 군대에 입대했지만 한국전쟁 동안 전사했다. 양은하의 큰형은 민보단원(민간인으로 구성된 경찰 보조 조직)으로 무장대와 맞서면서 가족을 지키기 위해 애썼지만 윤희춘이 보는 앞에서 예비검속자로 잡혀가 총살당했다. 양은하의 사촌들도 군대에 갔다 희생당하거나 예비검속자로 잡혀가 총살당했다.

윤희춘은 답답할 때마다 가슴을 쳤다. 가슴에 피멍이 들었다.

"큰아들, 둘째 아들도, 며느리도 모두 내 눈앞에서 잡혀갔어. 모두 걱정 말라면서 떠나갔는데 아무도 안 돌아와. 아직도 가슴이 가득해오면 목에서 피가 쏟아져 나와. 너무나 억울해서 아들을 다시 보기 전에는 죽을 수가 없어. 절대로 죽을 수가 없어……."

하염없이 아들들이 돌아오길 기다리는 동안 윤희춘의 목에는 아기 주먹만 한 피주머니가 생겼다. 그렇게 54년을 기다리다 2001년에 104세로 생을 마감했다. 그날은 어버이날이었다.

– 송악도서관이 펴낸 〈대정 사람들은 어떻게 살았을까〉 중
양은하의 사촌 동생 양신하의 이야기를 바탕으로 재구성

제주 4·3 직후
검찰과 사법부의 상황 진단

경찰은 처음부터 끝까지 일관되게 제주도 외부 공산주의자들이 벌인 폭동이라고 주장했는데 검찰과 사법부 인사들은 다르게 보았다.

"제주도 사태가 이렇게까지 악화된 것은 정치에 신축성이 없다는 것과 관공리가 부패하였기 때문이다. 고름이 제대로 든 것을 좌익 계열에서 바늘로 이것을 터뜨린 것……."

이것은 제주 4·3이 일어나자마자 〈서울신문〉에 실린 미군정 검찰총장 이인의 견해이다. 이에 따라 나름대로 처방을 제시하기도 했다.

"사법·행정·경찰의 3수뇌부를 갈되 가장 양심적이고 덕망이 높은 사람으로 임명하면 폭도들 측에서도 안심하고 하산할 것이고, 특히 굴속에 숨어 있는 소위 좌익 지도자들도 무슨 구실이든 간에 찾아서 내려올 것이다."

관할 검찰청인 광주지검 검사 김희주는 제주 4·3의 직접적인 원인은 '단독 선거 반대, 간접적인 원인으로는 서북청년단의 만행과 제주도민의 배타성'을 지적했다.

제주 4·3 관련자 재판 주심으로 이 주일간 제주도에 머물렀던 양원일 판사도 제주 4·3의 원인으로 '경찰과 우익 청년 단원들의 가혹한 행위와 관공서 직원들의 부패와 김구가 주도하는 남북 협상에 대한 지나친 기대'를 들었다.

역시 제주 4·3 재판의 검사 자격으로 제주에 왔던 박근영 검사도 '제주도민과 언어와 풍습이 다른 육지 경찰의 그릇된 행동에서 비롯된 갈등을 아량을 베풀어 해결하지 못한 점'을 꼬집었다.

친일 경찰은 자신들의 잘못을 감추기 위해 제주 상황을 이용했다. 미군정 또한 국제 사회에서 점령지 정책이 억압적이 아니냐는 비난 여론을 무마하기 위해 빠른 진압을 선택했다. 검찰과 사법부가 제시한 균형 잡힌 평가들에 대해 심사숙고했다면 비극은 없었을 것이다.

평화의
길목에서
돌아서다

김익렬은 일본 사관학교를 나온 뒤 해방되자 **군사영어학교**[*]를
졸업했다. 당시는 지휘관이 부족한 시절이라 이 년 만에 중령이 되
었고 제주도에 주둔한 국방경비대 9연대 연대장이 되었다. 그가
보기에 제주 사람들은 하나같이 무뚝뚝했고 어울리기엔 풍습과 언
어가 너무 달랐다. 마치 외국에 주둔한 느낌이었다.

"제주는 좌익이 아주 센 곳이야."

[*] 미국은 남한에서 원활하게 군정을 실시하기 위해 명령을 전달할 영어가 가능한 군
간부가 필요했다. 그래서 만든 것이 군사영어학교이다. 약 5개월 동안 배출된 110명의
장교들은 그 뒤 건군의 주춧돌이 되었고, 그 가운데 68명이 장성으로 진급, 13명은 참
모총장을 역임했다. 그들은 대부분 친일 장교 출신들이었다.

전임 연대장은 고개를 절레절레 저으며 김익렬에게 고생하라고 어깨를 툭툭 쳤다. 육지에서 김익렬은 빈번하게 폭동을 목격했다. 좌익 세력이 강하다면 골치 아픈 일이 벌어지지 않을까 염려스러웠다. 하지만 곧 그럴 필요가 없다는 걸 알았다. 제주 사람들에게 치안 상황을 물었더니 대뜸 이렇게 되물었다.

"대문 있는 집 보셨어요?"

"아니."

"여긴 거지와 도둑이 없어요. 그러니까 대문도 필요 없고 경찰도 필요 없죠."

듣고 보니 그랬다. 김익렬이 제주에 와서 가장 놀란 것은 경찰이 대낮에도 지서를 비우고 술을 마시는 것이었다. 항구나 읍내에서 외지인들이 술 먹고 싸움하는 게 유일한 사건이었다.

국방경비대원이 가진 총이라고는 일본군이 버리고 간 99식 소총이 전부였다. 그나마 총알이 없는 빈 총이었다. 무전기는 없었고 차도 낡을 대로 낡아 있었다. 만일 폭동이라도 일어나면 큰일이라고 생각하던 김익렬은 안도했다.

1948년으로 넘어오면서 제주도 친구들이 하소연하기 시작했다.

"제주엔 일본에 있는 친척들이 물건을 보내주는 집이 많아요. 서청 사람들이 이걸 귀신같이 찾아내서 밀수품이라며 빼앗아 갑니다. 거절하면 밀수꾼으로 몰려 감옥에 갇히고 모진 고문을 당하는 거죠. 군정장관에게 얘기해서 말려주세요."

제주도 군정장관 맨스필드는 김익렬과 친분이 있었다. 김익렬은 제주 친구들의 부탁을 들어주기로 했지만 날벼락만 돌아왔다.

"경찰청장에게 사실을 확인했더니 국방경비대가 모함한다고 펄쩍 뜁니다. 그래도 혹시나 해서 제주도 유지들에게 물어봤더니 다들 모르는 일이라고 합니다."

김익렬은 꼴이 우습게 된 것 같아 기분이 나빴다. 경찰은 경찰대로 간섭하지 말라고 하고, 제주도의 유지란 사람들도 자기 살기 급급한 마당에 뭘 참견하랴 싶어서 내버려두었다.

제주의 분위기는 더 험악해졌다. 제주 출신 대원들은 하나같이 서북청년단과 경찰에 대한 분노로 몸을 떨었다. 그러나 김익렬은 유언비어이고 중상모략이니 휘둘리지 말라고 장교와 사병들을 단속했다.

1948년 4월 3일 새벽, 오름마다 봉화불이 환하게 올랐다. 김익렬은 한림에 머물다가 100여 명의 습격자를 만났다. 그들은 경찰서와 서북청년단 숙소를 습격하고 무기를 빼앗아 떠났다. 다친 사람들을 보니 총에 맞은 사람은 없고, 전부 곤봉 같은 것에 얻어맞았다. 김익렬은 올 것이 왔구나 생각했다.

'밀수꾼으로 몰린 사람을 구하러 온 자들 짓이구나.'

서둘러 모슬포 연대본부로 돌아온 김익렬은 해녀를 시켜 바다에서 건져 숨겨둔 얼마 안 되는 총알을 지급하였다. 그리고 상황 파악에 나섰다.

경찰은 제주 전역에서 봉기가 일어나 폭도들이 지서와 우익 인사의 집을 습격했다고 보고했다. 하지만 누가 뭣 때문에 벌인 일인지, 폭도의 숫자가 얼마나 되는지도 전혀 감을 잡지 못하고 있었다. 급하게 만들어진 제주 비상경비사령부 사령관으로 부임한 김정호 공안국장과 조병옥 경무부장은 하나같이 이렇게 말했다.

"선량한 제주도민이 아니라 국제 공산주의자들과 관련된 악질 불량도배들이 육지에서 침입하여 협박과 위협으로 도민을 선동하여 일으킨 것이다."

근거도 없고 아직 상황도 제대로 파악하지 못한 상태에서 만들어진 각본이지만 이것은 이후 제주 4·3 내내 미군정과 대한민국 정부가 밝힌 일관된 입장이었다.

며칠 후, 누가 왜 봉기를 일으켰는지 밝혀졌다. 그들은 스스로를 인민유격대라고 했다. 총책임자 김달삼의 이름으로 '5·10 망국 단독 선거 반대를 위한 무장봉기 성명'이 배포되었다. "탄압이면 항쟁이다"로 시작하는 이 성명서는 경찰의 탄압에 맞서 단독 선거, 단독 정부 반대를 위해 봉기를 일으켰다고 했다. 어디에도 공산주의 구호는 없었다.

미군정은 응원 경찰 1,700명을 즉시 제주로 보냈다. 조병옥은 서북청년단 500명도 따로 내려보내고 제주도 해상을 봉쇄했다.

무장봉기를 일으킨 **무장대°**의 숫자는 350명 내외이고, 그들은 총도 거의 없었다. 그나마도 일본군이 바다에 버리고 간 것을 해녀들이 꺼내 손질한 99식 소총 27개와 권총3개, 수류탄 25발이 고작이었다. 대부분은 창이나 몽둥이였다.

국방경비대와 달리 경찰은 미군정으로부터 최신 무기를 받아 무장했지만 속수무책이었다. 오히려 곳곳에서 최신 무기를 빼앗기고 무서워 벌벌 떨 뿐이었다. 초반은 인민유격대의 완벽한 우세였다.

사령관은 다급해졌다. 만주군(일본이 만주에 세운 허수아비 국가 만주국의 군대) 육군 소좌였던 김정호는 그곳에서 항일운동가를 때려잡던 초토화 작전을 생각해냈다. 초토화 작전은 점령지 주민이 유격대의 침입을 스스로 방어하고 토벌대에게 보고하도록 하는 것으로 유격대와 내통한 것이 드러나면 부락민을 전부 죽이고 마을을 불태우는, 말 그대로 초토화시키는 작전이다. 그것은 비인도적이기 때문에 국제법에서는 엄격히 금지하는 군사 작전이었다. 이 비인간적이고 잔인한 작전을 김정호 사령관은 미군정과 경비대 모르게 조천과 애월 지역에서 시작했다.

° 유격대와 자위대, 특별 경호대로 이뤄졌다. 그중 제대로 된 무기를 갖춘 유격대는 100명을 넘지 못했다. 나머지는 정보 수집이나 홍보, 보초 업무를 맡았다.

제주 사람들은 '한 다리 건너면 아는 사이'로 서로 사정을 뻔히 알았고 도울 일이 있으면 도와왔다. 그들은 제주 4·3을 경찰과 제주 사람 간의 싸움으로 생각했다. 응원 경찰과 서북청년단은 젊은 사람이 보이면 개 패듯 팼기 때문에 사람들이 매 맞지 않으려고 산에 올랐다는 걸 알았다.

제주 사람들은 그들을 폭도라고 부르지 않고 산사람이라 불렀다. 그래서 목숨이 위험한데도 식량을 산으로 보냈다. 산 아래 모든 일은 정보원이 알려주었다. 많은 마을에서 산사람과 마을 사람은 구분되지 않았다. 물론 지서나 관공서 하나 없는 중산간 지역 마을에 무장대가 나타나 총칼로 위협하면 어쩔 수 없이 하라는 대로 하기도 했다.

제주의 독특한 정서를 알 리 없는 토벌대가 중산간 마을로 들이닥치자 사람들은 혼비백산했다. 중산간 마을 사람들은 살기 위해 일단 산으로 도망쳤다. 토벌이 벌어질수록 산에 올라간 사람들은 불어나 그 수를 헤아릴 수 없게 되었다.

이런 비인간적인 토벌은 곧 미군정에게 발각되었다. 처음엔 화를 내던 미군정은 점점 모른 체하기 시작했다. 사람들은 더욱더 산으로 올랐고 무장대는 동에 번쩍 서에 번쩍 경찰을 농락했다. 결국 맨스필드는 김익렬에게 협조를 요청했다.

"내가 지금 매우 난처하오. 미국이 점령지 주민들을 폭력적으로

다룬다고 소련이 유엔에서 선전하는 데 제주도를 들먹이고 있소. 곧 선거가 시작되오. 빠른 시간 안에 제주도 문제를 해결해야만 하오. 그리고 소련이 그런 주장을 못하도록 제주도 폭동이 미군정의 점령지 정책 때문이 아니라 공산주의자들의 반란이라는 걸 보여줘야 하오."

김익렬은 폭동을 일으킨 사람 중에 공산주의자도 있을 것이라고 생각했다. 사람 사는 곳이면 별의별 '주의자'들이 다 있었으니까 말이다. 그러나 이번 일은 경찰 때문이란 것이 명백했다. 도민들은 무장대를 경찰의 횡포로부터 제주 사람을 구해줄 해방군으로 생각하는 듯했다. 그러나 김익렬은 맨스필드의 마음을 헤아렸다.

"우선 평화 교섭을 통해 산에 올라간 사람들을 잘 달래서 전부 내려오도록 해야 합니다. 그런 다음에 끝까지 저항하는 극렬분자를 공산반란군이라고 한다면 아주 효과적으로 고립시켜서 토벌할 수 있을 것입니다."

맨스필드는 매우 기뻐했다. 김익렬은 맨스필드의 지지를 등에 업고 평화 교섭과 귀순 작전을 시작했다.

그때 서울에서 딘 군정장관의 정치고문이 비밀리에 김익렬을 찾아왔다. 딘 군정장관은 제주도 문제 때문에 미국 정부로부터 문책당할 정도로 궁지에 몰렸다. 정치고문은 김익렬에게 초토화 작전을 쓰라고 집요하게 설득하고 거액을 보장하겠다며 구슬리기도 했다. 김익렬은 단호하게 거부했다. 동포를 적으로 만들고 무차별 토벌을 벌이면서 새로운 정부를 만들 수는 없었다. 국방경비대는 우리 민족 최초로 우리 손으로 만든 민주주의 정부의 군대가 될 터였다.

김익렬은 직접 경비행기를 타고 다니면서 평화 교섭과 귀순을 권유하는 전단지를 한라산 주변에 뿌렸다. 그리고 산에서 화답이 오길 기다렸다. 만일 평화 교섭이 이뤄지지 못한다면 미국의 최첨단 무기를 이용해서 대토벌을 나설 수밖에 없었다. 새 정부를 제주 도민의 피의 희생 위에 세우는 것은 생각하기도 싫었다.

초조하게 기다리고 있는데 산사람 쪽에서 평화 회담을 받아들인다는 답장이 왔다. 맨스필드는 크게 기뻐하며 김익렬에게 남한 미군정장관 딘을 대리할 권한과 귀순하는 사람들에 대한 사면권을 주었다.

4월 28일 모슬포 경비대 본부가 훤히 내려다보이는 회담 장소에 도착하자 이윽고 유격대 총책이라고는 믿을 수 없을 만큼 젊고 배우 같은 얼굴의 남자가 들어왔다.

"김달삼입니다."

그는 대정 출신 이승진으로 항일운동가였던 장인의 가명인 김달삼이란 이름을 빌려 쓰고 있었다. 이승진은 일본 유학을 다녀온 지식인으로 표준어를 조리 있고 침착하게 말했다. 그런 그도 공산주의자란 말에는 격렬하게 반응했다.

"민족반역자나 일제강점기 악질 경찰이 자기의 죄를 감추기 위해 아무나 공산주의자라고 덮어씌우듯이 당신도 우리를 공산주의자라고 덮어씌우는 것이오?"

흥분한 김달삼에게 김익렬은 되물었다.

"공산주의자도 아닌데 어찌하여 이 어마어마한 유혈 폭동을 일으켰소?"

김달삼은 냉정을 되찾고 말했다.

"처음에는 구금되어서 고문당하는 도민을 구하는 것이 목적이었으나 경찰이 의외로 무력하고 경찰에 대한 도민의 분노가 생각보다 격렬해서 일이 이렇게 되었소."

김익렬은 내심 기뻤다. 그들의 말을 이해 못하는 것도 아니었다. 그리고 봉기의 목적이 공산주의 국가를 만드는 것이 아니라면 요구 조건을 얼마든지 들어줄 수 있었다.

서로의 요구 조건을 놓고 팽팽한 줄다리기가 시작되었다. 김익렬은 회담이 결렬되면 미국의 최신식 무기를 이용하여 경비대가 앞장서 토벌하겠다고 으름장을 놓았다. 김달삼으로서도 가장 생각하기 싫은 순간이었을 것이다. 일본군이 바다에 버린 무기 몇 개를 가진 게 전부인 무장대가 미국의 신무기를 상대할 생각은 처음부터 없었을 것이다.

긴 시간의 회담 끝에 합의안이 나왔다.

① 72시간 내에 전투를 완전히 중지하되 산발적으로 충돌이 있으면

연락 미달로 간주하고 닷새 이후의 전투는 약속의 배신으로 본다.

② 무장 해제는 점차적으로 하되 약속을 위반하면 즉각 전투를 재개한다.

③ 무장 해제와 하산이 원만히 이뤄지면 주모자들의 신병을 보장한다.

세 가지 조건에 합의하고 헤어졌다.

이 섬에는 민란이 끝나 정부와 섬사람 사이에 합의가 이뤄지면 주모자를 제외한 모든 이들은 평화롭게 집으로 돌아가 일상생활을 하여온 전통이 있었다. 조선 시대 말에 강제검, 방성칠, 이재수의 난이 연거푸 일어났지만 주모자인 '장두'만이 처벌받았다. 김달삼도 기꺼이 그 장두들처럼 처벌받을 각오가 되어 있는 듯했다.

꿈만 같은 평화가 제주에 찾아왔다. 총소리는 멈추고 신이 난 경비대원들은 귀순자를 수용할 천막을 치느라 분주했다. 혹시라도 경찰이 방해 공작을 펼지도 모른다는 두려움이 있었으나 떨쳐버리려 애썼다. 그러나 두려움은 현실이 되었다.

그날은 5월 1일 메이데이였다.

오라리는 제주읍 해안가에서 2킬로미터 정도 떨어진 곳에 있었다. 이 마을의 비극이 시작된 것은 1947년 3·1절 발포 사건 때부터

이다. 이날 총에 맞은 사람들 중 두 명이 오라리 사람이었다. 한 명은 학생, 한 명은 사십 대의 장애를 가진 남자였다. 마을은 순식간에 분노에 휩싸였지만 경찰은 청년들을 무더기로 감옥에 보냈다.

제주 4·3 봉기가 일어나자 무장대는 오라리 우익 인사와 경찰 가족을 습격하고 살해하며 복수에 나섰다. 그에 대한 보복으로 응원 경찰대는 마을 사람을 폭도의 연락병으로 취급해서 살해했다. 다시 무장대가 우익 인사 가족을 살해했고 그 장례식 날인 5월 1일에 대동청년단 소속 우익 청년들이 무장대에 가담한 사람의 집을 골라 불을 질렀다.

가까운 민오름에 있던 무장대가 오라리 연미 마을이 불타는 것을 보고 즉시 내려와 대동청년단을 추격했다. 대동청년단은 재빨리 마을을 빠져나가 경찰에 연락했다. 경찰이 출동했을 때는 무장대도 사라진 뒤였다. 그때 미군은 마치 미리 준비해둔 것처럼 오라리 마을 공중에서 비행기를 이용해 이 장면을 촬영하고 있었다.

무장대가 연미 마을에 불을 질렀다는 소식을 들은 김익렬은 평화 회담을 깨뜨린 것이라면 철저히 응징하리라고 다짐하며 급히 오라리로 향했다. 조사 결과 불을 지른 것은 대동청년단이었다. 그러나 맨스필드는 이제까지와는 달리 김익렬의 보고를 차갑게 무시했다. 대신 미군정은 무장대가 저지른 방화라고 결론을 내린 경찰의 주장을 받아들였다.

미군은 비행기로 촬영한 오라리 마을 방화 영상을 무성 영화인 〈제주도의 메이데이〉로 제작했다. 영상은 곧바로 취재 기사로 변신, 폭도들이 방화를 일으키는 장면으로 둔갑하여 중앙 일간지에 게재되었다. 아무것도 모르는 육지 사람들은 제주도 좌익 폭도들의 만행에 치를 떨었다.

방화 사건 이틀 뒤, 미군과 9연대 병사들이 귀순한 사람들을 호위해 내려올 때 괴한들이 기습했다. 즉시 반격에 나서 그중 한 명을 붙잡고 심문했더니 상부의 지시에 따라 귀순을 방해하러 온 경찰이라고 고백했다. 그러나 김정호 사령관은 눈 하나 깜짝하지 않고 잡아뗐다.

"보면 모르시오? 폭도들이 경찰로 위장하고 기습한 것이오. 경찰을 경비대와 이간질하려고 말이오. 붙잡힌 경찰관은 공산주의 사상을 가진 사람이오. 우리가 조사하려니까 자살해버렸소."

죽은 자는 말이 없으니까 김익렬도 어쩔 도리가 없었다. 모든 것이 잘 짜여진 각본처럼 척척 들어맞았다. 평화를 원하지 않는 거대한 힘을 느끼며 김익렬은 몸서리쳤다.

그 후로도 경찰의 귀순 방해는 이어졌고, 사람들은 다시 산으로 도망가기 시작했다. 김익렬은 무장대에겐 약속을 깬 배신자가 되었고 미군정에겐 사태를 해결할 능력이 없는 무능력자가 되었다. 결국 5월 6일 김익렬은 해임되었다. 그리고 미군정의 뜻대로 국방경비대는 초토화 작전을 시작했다.

김익렬은 뒤도 안 돌아보고 서울로 돌아와 송호성 국방경비대 총사령관에게 이 사실을 보고했다. 독립군 출신의 늙은 장군은 슬픈 얼굴로 말했다.

"이제 제주 사람 다 죽었구나."

— 김익렬 장군의 실록 유고 〈4·3의 진실〉을 재구성.

제주
역사

제주 민란과 장두

오랫동안 중앙 정부에서 파견한 지방관의 횡포에 시달리던 제주 사람들은 조선 시대 말기에 강제검의 난(1862년) 방성칠의 난(1898년) 그리고 신축민란(이재수의 난, 1901년)을 잇달아 일으켰다. 강제검의 난은 제주 사람 중 걸어갈 수 있는 사람은 다 모여서 벌였다고 전해지며 전국에서 벌어진 임술민란 중 가장 치열했다고 한다.

이주한 화전민이 일으킨 방성칠의 난이 벌어졌을 때 제주 사람들도 여기에 호응했다. 하지만 방성칠은 자신만의 왕국을 꿈꾸기 시작했고 이로 인해 제주인들이 떨어져 나가면서 결국 진압되었다.

불과 삼 년 뒤 벌어진 신축민란은 성격이 전혀 달랐다. 앞선 두 번의 난이 외지에서 온 관리의 횡포에 맞선 것이라면 신축민란은 왕실의 국고를 채우기 위해 직접 내려와 세금을 걷어 가는 봉세관의 횡포에 맞선 민란이었다. 봉세관은 천주교인을 이용해 세금을 걷었고 이들의 횡포는 점점 커져갔다. 결국 1901년, 제주 사람들은 이재수, 강우백, 오대현을 장두로 해서 민란을 일으켰다. 이것이 이재수의 난 또는 신축민란이다.

프랑스 신부는 고종이 직접 내린 '국왕처럼 대우하라'는 신표를 가지고 다녔고, 천주교인들은 그런 프랑스 신부의 우산 아래에서 횡포를 일삼았다. 민란은 외세에 대한 저항으로까지 번졌다. 정부의 설득에 이재수는 민군 1만여 명을 해산한 뒤 본인은 자수했고, 그를 포함한 장두 세 명은 서울로 압송되어 처형되었다. 제주 사람들이 돈을 모아 프랑스가 요구한 배상금을 갚음으로써 민란이 막을 내렸다.

민주주의를 훈련받을 기회 없이 해방을 맞이한 제주 사람들은 자신들의 요구를 정부가 받아주지 않을 때 민란을 일으키는 관습을 기억하고 있었다. 제주 사람들은 이것을 '난

일었져(민란이 일어났다).'라고 했다. 노인들은 그 말을 기억하고 있었다. 제주 사람들은 아이들에게 이재수의 무용담을 들려주었고 외세에 시달리는 가난한 제주 사람들을 구해줄 아기장수(큰인물)를 기다렸다.

제주 사람들은 이재수가 처형된 지 채 50년도 지나지 않아 벌어진 제주 4·3 무장봉기를 민란이라고 여겼고, 장두들이 자신의 목숨과 제주도민의 자유를 맞바꿔주리라고 믿었다. 산에 올라가 무장대가 된 사람들도 역시 모든 게 끝난 뒤 장두를 제외하고는 조용히 돌아와 아무 일도 없었던 듯이 살 수 있으리라고 믿은 듯했다. 그래서 무장대는 자신의 얼굴을 목격한 사람은 선량한 사람일지라도 살해했다.

원인에는
관심 없는
진압

오사카외국어학교 출신으로 영어에 능통한 박진경은 미군정이 시작되자 물 만난 물고기 같았다. 미군정 아래에서는 영어가 공식 언어였다. 박진경은 유창한 영어로 딘 장군의 마음을 사로잡았고, 김익렬의 뒤를 이어 제주 국방경비대 9연대장으로 부임했다.

일본군 소위로 제주에 왔던 박진경은 제주 땅을 다시 밟자 감격스러웠다. 하늘이 자신을 돕는 느낌이었다. 박진경은 한층 격앙되어서 부대를 돌아다니며 강조했다.

"우리나라의 독립을 방해하는 제주 폭동 사건을 진압하기 위해서는 제주도민 30만을 다 희생시키더라도 괜찮아."

박진경은 그때 수많은 병사들이 손을 부르르 떨고 있었고 그것이 자신을 비극으로 이끌리라는 것은 전혀 몰랐다. 5·10 남한 총선거가 코앞으로 다가오면서 제주의 분위기는 살벌해졌다. 낮에는 응원 경찰과 서청단원들이 눈을 부라리고 마을을 돌아다녔다. 밤이 되면 그들은 꽁꽁 숨어버려 그림자도 볼 수 없었다. 대신 무장대가 어둠을 틈타 선거관리위원이나 선거를 지지하는 우익 진영 가족을 습격했다. 아침이 되면 골목마다 전단지가 가득 뿌려져 있었다.

"경찰에 대항하기 위해 제주도민이여 단결하자."
"투표하면 인민의 반역자다!"

많은 마을에서 무장대의 습격에 겁을 먹고 투표함 운반에 나서지 않자 미군이 직접 투표함을 날라야 했다.

선거일이 다가오자 청년들은 투표 거부를 독려했다. 마을 사람들은 투표를 거부하기 위해 며칠분의 양식을 등에 지고 산으로 올라갔다. 제주읍을 중심으로 많은 마을에서 사람의 자취가 끊겼다.

1948년 5월 10일 비가 추적추적 내리는 가운데 선거가 치러졌다. 미군정의 노력에도 불구하고 결국 제주도 세 개의 선거구 가운데 두 개 선거구인 북제주 갑구와 을구에서 정족수 미달로 선거가 무효화되었다. 이로 인해 제주는 전국에서 유일하게 제헌국회의원을 선출하지 않은 지역으로 역사에 남게 되었다.

미군정이 자신의 체면을 구긴 제주도를 가만히 놔둘 리가 없었다. 박진경은 수색에 박차를 가해 5월이 가기 전에 여자들을 포함하여 천 명이 넘는 포로를 체포해 경찰에 넘기고 10여 명을 사살했다. 포로들이 끌려간 지서마다 흘러나오는 매질 소리와 신음 소리에 제주 사람들은 애간장을 끓였다.

경무부도 뒤질세라 **최난수** 경감이 이끄는 특별수사대를 내려보냈다. 육지 경찰 450명이 완전무장한 채로 같이 내려왔다. 그들을 떠나보내면서 조병옥은 특별 담화를 발표했다.

"이제까지 귀순과 반성을 기다리던 소극적인 대책을 떠나 이번에는 적극적으로 폭도들을 진압, 섬멸할 방침이므로 애국적인 제주도민들의 협조를 바란다."

육지 경찰의 마음을 불편하게 하지 않으려고 제주 사람들은 굶주리면서도 쌀밥을 짓고 소를 잡아 바쳤다. 육지 경찰은 반찬 투정을 하며 짜증을 부리기도 했다.

대토벌이 시작되자 무장대도 우익 단체와 경찰 가족에 대한 습

•일제강점기에 고등계 형사로 악명 높았던 특별 수사대장 최난수는 반민족특별법 입법에 앞장선 국회의원 암살을 지시해놓고 버젓이 제주로 내려와 특별수사대를 지휘했다. 암살은 성공하지 못했지만 최난수는 이로 인해 1949년 6월 살인 예비 죄로 징역 2년을 선고받았다. 그는 제주 사람들을 알몸으로 매달아 때리는 고문을 하면서 악명을 떨쳤다.

격으로 응수했다. 눈이 뒤집힌 경찰과 우익 단체원들은 복수에 나섰다. 담배를 말아 피우려고 무장대가 뿌린 전단지를 주머니에 두었던 한창우는 도두봉 정상에서 육지 경찰이 휘두른 일본도에 목이 잘려 죽었다. 한림의 상명 마을에서는 집집마다 돌아다니며 사람들을 전부 끌어내 학교 마당에 모아놓고 발가벗겨 매질한 후 날이 저물자 일부를 끌고 가 총살했다.

마을에선 언제 들이닥칠지 모르는 **토벌대°**를 일단 피하는 게 수라고 생각했다. 마을이 훤히 보이는 마을 어귀나 오름에 보초를 세웠다. 이것을 '빗개'라고 불렀다. 빗개는 감시원, 초병이라는 뜻을 가진 영어 'picket'에서 유래한 말이다. 항일운동가들이 일제강점기 경찰의 감시를 피하기 위해 사용한 말을 제주도민은 해방된 이후 더 많이 사용하게 되었다.

빗개는 경찰이나 군인이 마을로 들어오면 깃발이나 나팔을 이용하여 알렸다. 마을 사람들은 오름 위의 깃발을 수시로 쳐다보면서 두근거리는 마음으로 일을 했다. 그러다 깃발이 눕혀져 있거나 나팔 소리가 들리면 하던 일을 멈추고 재빨리 도망쳤다.

빗개 역할은 몸이 빠른 아이들이 맡았다. 한림의 금악에서 빗개

° 경찰, 우익 단체, 국방경비대(군대)가 각각 따로 토벌에 나서다가 경찰, 민보단, 한국군으로 구성된 합동 토벌대가 만들어졌다.

일을 하던 국민학교 3학년 고익조는 미처 피하지 못하고 붙잡혔다. 토벌대는 새끼줄로 소년의 목을 나무에 매달았다가 숨이 넘어가기 직전에 풀기를 거듭하며 다그쳤다. 그래도 소년은 운이 좋았다. 고익조는 목숨을 구했고 천수를 누렸다. 많은 소년들이 도망자가 되어야 했고, 재판도 받지 못한 채 토벌대에게 처형당했다.

빗개가 신호를 보내도 도망가지 못하는 사람들이 있었다. 거동이 불편한 신체장애인, 노인, 임산부 등은 토벌대에 잡혀 총살당했다. 피하지 않으면 붙잡혀 생사를 넘나들게 되고, 피하면 폭도로 몰리면서 제주도민들은 오도 가도 못한 채 도망자가 되어갔다.

동족의 가슴에 총구를 겨누기를 거부하는 사람들도 나타났다. 응원 경찰 중 몇몇이 명령 불복종으로 재판에 회부되어 유죄 판결을 받았다. 모슬포에 있는 국방경비대 9연대 소속 부대원들도 심하게 동요하기 시작했다. 경비대에는 경찰의 탄압을 피하기 위해 입대한 청년들이 많았다. 그들은 제주 사람들의 심정을 이해했다. 굴이나 숲속에 숨어 있던 사람들을 바라보는 경비대원의 마음은 갈가리 찢어졌다. 그러나 명령이 내려지면 지켜야 했기에 쏘라면 쏘고 잡으라면 잡아야 했다.

1948년 5월 20일 견디다 못한 경비대원 41명이 탈영했다. 4·3 이후 새롭게 경비대에 보급된 최신식 미국제 총과 탄약을 갖고 나왔지만 우왕좌왕하다 20명이 체포되어 사살되었다. 나머지는 도망자 신세가 되거나 무장대에 합류했다. 이 일로 무장대의 사기는 크게 높아졌고, 제주 사람들은 정말 무장대가 이길지도 모른다는 생각을 하기도 했다. 박진경은 이를 갈았다.

"제주도 사람들은 폭도들이랑 다 한통속이란 걸 몰랐네."

제주도 두 개 선거구의 재선거일이 6월 23일로 발표되었다. 선거를 앞두고 제주 사람들의 마음을 얻기 위해 비로소 유해진을 해임했다. 미군정은 제주도 출신 도지사를 얼굴마담으로 내놓고 노련한 지휘관인 브라운 대령을 제주에 파견했다. 브라운 대령은 딱 잘라 말했다.

"원인 따위엔 관심 없다. 나는 오로지 진압할 뿐이다."

1894년 갑오농민전쟁이 벌어지자 조선 정부는 외국 군대에게 제 나라 백성의 토벌을 맡겼다. 그들은 조선의 농민이 봉기를 일으킨 원인 따위엔 관심이 없었고 잔인하게 토벌했다. 불과 55년이 지나 미국도 제주도민에게 단 한 번도 왜 그랬냐고 묻지 않고 최첨단 무기를 아낌없이 퍼부었다.

브라운 대령의 지휘 아래 토벌대는 점점 기세를 올렸다. 박진경도 무장대의 본거지 중 하나를 습격하여 엄청난 전과를 올렸다고 보고했다. 그러나 동행한 종군 기자 조덕송은 박진경이 이끄는 경비대가 압수한 무기가 고작 곤봉, 구시대 엽총, 일본도, 죽창, 철창인 것을 보고 탄식했다.

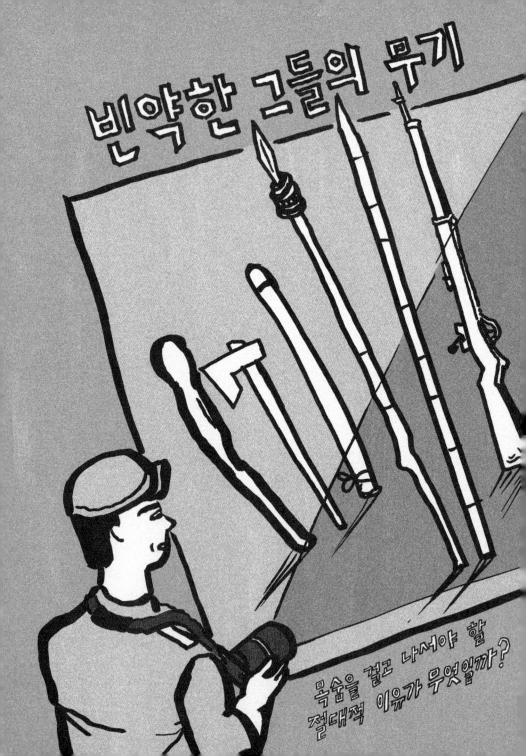

"빈약하기 짝이 없는 그들의 무기. 이걸 들고서 최신 무기에 맞서 목숨을 걸고 버티고 나서야 할 절대적 이유가 무엇일까?"

박진경은 수천 명의 포로를 잡아들이고 폭도를 사살하였다. 줄곧 수세에 몰리던 토벌은 공세로 넘어가기 시작했다. 딘 장군은 박진경을 대령으로 진급시키고 직접 제주까지 내려와서 대령 계급장을 달아주었다.

토벌이 거듭되면서 포로가 6,000명을 넘었는데도 무장대의 숫자는 줄지 않았다. 무리한 토벌이라는 여론이 경무부를 압박했다. 경무부는 제주경찰청장에 제주 출신을 앉혀 여론을 달래려고 했다. 그러나 제주 경찰 우두머리들은 육지에서 내려온 경찰 손에 있었다. 제주경찰청장이 할 수 있는 것은 아무것도 없었다.

조병옥은 경찰의 가혹 행위 때문에 제주 4·3이 일어났다는 말에 여전히 발끈했다.

"그것이 폭동을 간접적으로 뒷받침한 원인일지는 모르지만 근본 원인은 조선을 자신의 연방으로 만들려는 소련의 야심에 있소."

1948년 6월 18일을 가장 기분 좋게 맞이한 사람은 아마 박진경 대령이었을 것이다. 전날 밤 늦게까지 미군 장교, 연대 참모들, 통위부(지금의 국방부)에서 파견된 장교들과 함께 고급 요리집에서 진급 축하 파티를 벌였다.

'대령이 되다니, 이제 곧 별을 단 장군이 되겠구나.'

일본이 패망하였을 때는 정말 당황했지만 박진경에게는 오히려 기회가 찾아왔다. 아버지가 극우 친일파였다는 사실은 아무도 문제 삼지 않았다. 자신을 발탁해준 상관보다 무려 반년이나 앞서 먼저 대령이 되었다. 박진경 위로는 장군 몇 명만 있을 뿐이었다.

파티를 마치고 숙소로 돌아와 잠든 뒤 얼마 지나지 않은 새벽 3시 15분, 한 방의 총성이 울려 퍼졌고 박진경은 살해당했다. 딘 장군이 직접 내려와 유해를 서울로 운구해 갔고 장례식은 육군장 제1호로 거행되었다. 박진경의 나이는 불과 29세였다.

"박 대령은 조선의 부대장 및 야전 지휘관 중에서 가장 탁월한 사람으로 평가되는 인물이다."

미군 보고서는 이렇게 박진경에 대한 믿음을 표현했다.

수사 결과 박진경 대령을 쏜 범인은 손선호 하사였고, 문상길 중위가 주모자로 체포되었다. 총 여덟 명의 장병이 군법 회의에 회부되었는데 제주도 출신은 한 명도 없었다.

손선호는 암살에 나선 이유를 이렇게 밝혔다.

"우리가 화북이란 마을에 갔을 때, 열다섯 살가량 되는 아이가 아버지의 시체를 껴안고 있는 것을 본 박 대령은 무조건 그 아이를 쏘아버렸다. 그 밖에 부하들과 사격 연습을 한다고 마을의 소나 돼지를 함부로 쏘아 넘어뜨렸다. 폭도가 있는 곳으로 안내한 주민을 데리고 가서 만약에 폭도가 없으면 그 자리에서 총살해버렸다. 또

매일 한 사람이 한 사람의 폭도를 체포하여야 한다는 등 그는 부하에 대한 애정도 없었다."

문상길은 최후 진술에서 이렇게 말했다.

"우리가 군인으로서 자기 직속상관을 살해하고 살 수 있으리라고 생각하지는 않았다. 죽음을 결심하고 행동한 것이다. 재판장 이하 전 법관도 모두 우리 민족이기에 우리가 민족 반역자를 처형한 것에 대하여서는 공감을 가질 걸로 생각한다."

여덟 명 중 문상길, 손선호를 포함한 네 명에게는 사형이 선고되었다.

총살형이 부당하다는 여론이 인권 단체에서 나왔다. 일장기 말소 사건 때 〈동아일보〉 편집국장이었던 언론인 설의식과 시인 이은상, 소설가 채만식 등이 구명운동에 나섰다. 딘 군정장관은 마지못해 두 명은 무기형으로 감형하고, 문상길과 손선호만 총살형을 인준했다. 집행은 대한민국 정부 수립 후인 1948년 9월 23일에 이뤄졌다. 이것이 대한민국 정부 수립 제1호 사형 집행이었다.

제주에서 사귄 문상길의 애인과 그 어머니도 헌병대에 끌려가 처형당했다. 문상길에게 적용된 법은 조선경비대법 제35조였다. 그의 애인과 어머니에게 적용된 법은 무엇일까? 재판도 변호의 기회도 얻지 못하고 죄목도 모른 채 처형당해야 했던 모녀의 영혼은 이제 안식을 찾았을까.

5·10 총선거

5·10 선거일이 다가오면서 남한은 선거를 반대하는 좌익 진영과 김구, 김규식의 민족주의 진영 그리고 선거를 독려하는 우익 진영 사이에 긴장과 충돌이 이어졌다.

미군 사령관 하지 장군은 엄포를 놓았다.

"선거에 반대하는 것은 소련식 공산주의의 노예를 자청하는 일이다."

조병옥은 선거를 치르기 위해 경찰 보조대인 향토보위단(향보단)에 백만 명을 가입시켰다. 향보단은 선거를 공포 분위기로 몰아갔다.

신문은 강압적인 분위기를 폭로했다. 유엔위원단도 선거를 치를 수 있는 자유스런 분위기인가에 문제를 제기했다. 미국의 외교 문서에서도 염려를 읽을 수 있었다.

선거 날 전국에서 90명이 사망하고 393명이 체포되었다. 방화와 투표소 습격 수십 건을 포함한 선거 방해 활동과 경찰의 대응으로 인명과 재산 피해가 속출했다. 특이하게도 제주에선 체포된 사람이 없이 사망자만 있었다. 걸리면 무조건 사살한 것을 추정할 수 있다.

유엔위원단에서 파견한 35명의 감시원이 선거 감시에 나선 가운데 남한 단독 총선거가 치러졌다. 선거 결과 전체 유권자의 75%가 등록했고 이 중 95%인 748만 7,649명이 투표에 참가했다. 임기 2년의 제헌국회의원에는 선거를 반대했음에도 김구와 김규식을 지지하는 사람들이 60명 내외가 당선되었다. 이승만 세력이 60명 내외가 당선되었고, 한국민주당(한민당)은 일찌감치 선거에 나서서 독주가 예상되었으나 고작 29명이 당선되었다. 그러나 여전히 미군정에서 실세는 한민당이었기 때문에 곧 세력을 모아 다수당이 되었다.

1948년 5월 31일 역사적인 제헌국회가 제주도 국회의원 두 명이 없는 가운데 열렸다. 6월 23일 제주도에서 실시하기로 한 재선거도 결국 무기한 연기되어 일 년 뒤에 실시되었다.

제헌국회는 1948년 7월 17일 '대한민국헌법'을 제정 공포하였다. 헌법에 따라 국회에서 간접 선거를 통해 대통령에는 이승만이 당선되었다. 김구는 단독 정부에 참여를 단호하게 거부한다고 했음에도 2위를 차지하였다. 이로써 우리나라 정부 수립을 위한 제헌국회를 열 수 있게 되었지만 더불어 통일 정부에 대한 희망이 사라져 분단 국가로 남게 되었다.

제주도 남로당

일제강점기 시절 끝까지 제주 사람들의 생존권 투쟁을 도운 항일운동 단체는 조선공산당 제주지부(제주 야체이카)였다.

1925년 서울에서 만들어진 조선공산당은 조선의 완전 독립, 8시간 노동, 최저임금제, 의무 교육 및 직업 교육 실시 등을 주장하는 민족주의적인 사회주의운동 단체였다. 이들은 신간회를 통해 전국에서 항일운동을 벌였다. 그러나 지식인 중심이어서 극심한 파벌 싸움을 벌이다 일제의 탄압으로 해체됐다. 사회주의 단체들이 대부분 분열을 거듭했지만 제주 야체이카는 지식인과 부유한 사람이 중심이었으면서도 특유의 궨당 문화 덕에 분열 없이 서로 협조 관계를 잘 이뤘다.

해방과 더불어 서울에서 박헌영에 의해 조선공산당이 부활하자 제주의 항일운동가들과 일본에서 돌아온 노동운동가들이 조선공산당 제주지부 활동을 다시 시작했다. 남한에서 조선공산당이 불법화되면서 좌익 정당을 모아 남조선노동당(남로당)으로 바꿀 때 자연스럽게 제주에서도 남로당 제주도당(제주도당)으로 이름을 바꿨다.

제주도당은 항일운동을 해온 원로들이 주축을 이뤘지만 이들은 3·1절 집회 이후 체포되고 감옥을 나온 뒤에는 육지나 일본으로 피신했다. 그러다 보니 자연스럽게 젊은 사람들이 정당을 장악해갔다. 그들은 항일운동 경험이 없는 경우도 있고 일본에서 돌아온 경우도 있었다. 이십 대 초반의 이승진도 그런 인물 중의 하나였다.

이승진은 3·1절 발포 사건 직후 대정면 남로당원들의 총파업 건의안을 들고 읍내로 갔고 그길로 제주도당의 중심 인물이 되었다. 이승진의 장인인 강문석은 이름난 항일운동가로서 남로당 중앙위원이었다.

남로당에 가입한다는 게 당시 사람들에겐 특별한 것이 아니었다. 남로당은 해방 후 남한에서 가장 많은 당원을 거느린 제1당이었다. 게다가 미군정도 정당 등록을 받아준 합법적인 정당이었다. 제주읍 중심지인 칠성로에는 남로당 간판을 내건 사무실이 버젓이 있었다. 해방 이후 제주 사람들은 새로운 나라를 만들 꿈에 부풀었다. 그런 나라를 만들 정당의 후보 중 하나가 남로당이었고 서북청년단과 경찰의 횡포에 맞서 청년을 도와줄 유일한 조직이었다.

경찰은 남로당이라고 하면 무조건 잡아서 고문했다. 합법 정당이지만 당원은 비밀 당원인 이상한 상황이 남로당에서 벌어졌다. 경찰은 남로당원이란 것이 체포할 죄가 되지 않는다고 했지만 그 말을 믿는 사람들은 점점 없어졌다.

"남로당이라서 잡아간 게 아니라, 폭동을 계획하는 등 불법 행위 때문에 체포한 것이오."

경찰은 폭동을 계획했다는 증거를 끝내 제시하지 못했다. 하지만 제주도민들을 위협하는 데는 성공했다. 곳곳에서 남로당 탈퇴 선언이 이어졌다. 특히 경찰에 찍힌 청년들은 살아남기 위해 대거 탈퇴 선언에 동참했다. 수세에 몰린 남로당 강경파는 무장봉기를 결정했다. 당시 무장봉기를 결정한 강경파의 한 사람이자 일본으로 피신한 남로당원 이삼룡은 이렇게 말했다.

"우린 당초 악질 경찰과 서북청년단을 공격 대상으로 삼았지 경비대는 아니었다. 미군에게도 맞대응할 생각이 없었다. 신종 무기를 갖춘 미군이 대응할 것을 예상하지 못했다. 우선 시위를 하면 어느 정도 효과가 있을 것이라는 정도의 생각이었다. 장기전은 생각하지 않았다. 그래서 김익렬과도 회담한 것이다. 우리의 지식과 수준이 그 정도밖에 되지 않았다."

이승만 정부와 이후의 군사 정부에서는 제주 4·3 사건이 남로당 중앙당의 지시로 발생

한 폭동이라고 줄곧 주장했지만 그것을 뒷받침할 만한 근거로 제시한 것은 박헌영의 비서 박갑동의 신문 기고문과 책이 유일했다. 하지만 박갑동은 이후 〈제민일보〉와 인터뷰에서 중앙지령설은 자신의 글이 아니고 1973년 신문 연재 당시 정보기관에서 고쳐서 쓴 것이라고 밝혔다. 결국 남로당 중앙지령설은 사실이 아니었다.

2019년 제주 4·3 사건에 대한 정부의 공식 보고서가 만들어졌다. 이에 따라 더이상 제주 4·3 사건은 외부 불순 세력이 일으킨 폭동이 아니라 남로당 제주도당을 중심으로 제주도민이 남한만의 단독 선거 반대와 통일 정부 수립을 주장하며 일으킨 무장봉기로 규정되었다.

새로운 내용을 담은 한국사 교과서는 2020년부터 발행되었다.

소년 임두홍이
겪은
제주 4·3

1948년 봄은 이상했다. '난시'라고 하는 제주 냉이가 곳곳에 무성했고 표선에선 처음으로 대나무가 꽃을 무성하게 피웠다.

"예부터 난시가 무성하면 변이 일어난다는데, **숭시**˙여."

소년 임두홍이 사는 중산간 마을에는 소와 말을 물 먹이는 '우마의 오아시스'라고 불리던 마을 연못이 있었다. 그해 연못에는 올챙이가 가득했다. 장마철이 되자 연못의 물이 불고 길 위로 넘쳐나더니 길가에는 허옇게 올챙이들 시체가 널렸다.

"이거 무슨 변이 일어나려나 보네."

˙불길한 일이 일어날 징조란 뜻의 제주어

불안한 마을 사람들 얼굴에 짙은 그림자가 드리웠다.

여름이 되면서 불안은 서서히 드러나기 시작했다. 대학을 나와 마을에서 알아주던 똑똑한 사람이 아랫마을에서 사정없이 얻어맞고 돌아왔다. 밤이 지나면 대문마다 정체 모를 전단지가 붙어 있었다. 아침이 되면 동네 사람들이 모여서 지난밤 누가 붙들려 가고 누가 맞고 왔는지 소식을 주고받았다.

어느 날 아침 청년들은 동네 사람들을 모두 학교 운동장으로 모았다. 한바탕 연설을 끝낸 청년들은 아이부터 노인까지 모두 손도장을 찍으라고 했다.

"무슨 도장?"

"인민위원 선거하는 겁니다."

"지난번 5·10 총선거 때는 투표하지 말라더니 이번엔 도장 받아 가는 건 뭐냐?"

"그땐 남한 단독 선거고 이번은 통일 정부 선거입니다."

"도무지 뭐가 어떻게 돌아가는지 모르겠네. 그래도 이왕이면 통일 정부가 낫지."

이것이 **지하 선거**°와 **백지 날인**°이었다. 더러는 통일 정부를 위한 것이라는 동네 청년들의 말을 믿고 더러는 강요에 의해 백지에 손도장을 찍었다. 그것이 그들을 죽음의 길로 인도하는 명부가 될 줄은 아무도 몰랐다.

가을로 접어들면서 생전 처음 보는 사람들이 날카로운 표정을 하고 돌아다니기 시작했다. 마을의 젊은이들은 해뜨기 전에 산으로 피했다가 밤이 되면 돌아오곤 했다. 학교 선생님들도 잠깐 다녀오마 하고 떠났지만 돌아오지 않았다. 마을엔 폭행당하는 사람이 늘어나기만 했다.

"폭도들에게 쌀이랑 옷을 보냈지?"

"아니우다."

"거짓말 마라. 니들이 백지 날인 한 것도 다 안다."

때리다 지치면 어딘가로 끌고 가기도 했다. 그러고는 아무도 돌아오지 못했다. 경찰들은 숫제 운동장에 들어와 살았다.

그들은 보이는 대로 닭과 개를 총으로 쏘았고 아무 집에나 마구 들어가서 밥을 시켜 먹었다. 그리고 젊은 여인들을 서슴없이 성폭행했다. 그들에게 가축을 뺏긴 마을 사람이 반항하다가 죽도록 얻어맞았다. 젊은 사람들만 보면 폭도 취급하여 행패를 부리고 잡아

●5·10 총선거를 통해 남한 내 단독 정부 수립이 정해지자 북한 측은 통일 정부를 세우겠다고 했다. 이에 따라 북한 지역뿐 아니라 남한 내 각 시·군에서 인민대표자(인민위원)들을 뽑았다. 비밀리에 치뤄진 까닭에 '지하 선거'라고 했다. 지하선거는 남한 전역에서 수백만 명이 참가했지만 학살의 빌미가 된 곳은 제주가 유일했다.

●남한을 떠들썩하게 했던 지하 선거가 제주에서는 4·3의 여파로 주민들을 모아놓고 치를 수 없었다. 따라서 주로 백지에 이름을 쓰거나 손도장을 받아 가는 형식으로 진행됐다. 이것을 '백지날인'이라고 한다.

갔다. 청년들이 하나둘 자취를 감추기 시작했다. 마을의 개들도 그들을 보면 꼬리를 감추고 도망가기 바빴다.

경찰이 가버리고 이번에는 군인들이 학교 운동장으로 왔다. 그들은 경찰보다는 행패가 덜했지만 여전히 마을 사람들을 불안하게 하기엔 충분했다. 군인들도 소, 닭, 돼지를 좋아했다.

폭도 소탕 작전을 한다며 군인들이 떠난 뒤 청년들 수십 명이 마을에 나타났다.

"조금만 참으세요. 우리가 여러분을 해방시킬 것입니다. 그러면 위도 아래도 없고 모두가 평등하고 공평한 세상이 될 것입니다."

마을 사람들은 그저 끙끙 앓기만 했다.

"그냥 아무 일도 없었으면……."

이제 마을 사람들은 통일이든 독립이든 평등이든 뭐든 간에 아무 일 없이 하루가 지나기만을 바랄 뿐이었다.

1948년 여름에는 남과 북에서 각각 대한민국과 조선민주주의인민공화국이라는 두 개의 정부가 만들어졌다. 대한민국 정부가 출범하고 이승만이 대통령이 되었지만 단독 정부 수립에 대한 반발은 여전했다. '통일만이 살 길'이라고 외치는 김구의 인기는 날이 갈수록 치솟았다. 김구와 김규식은 유엔 총회에 한반도 통일 정부 수립을 위한 총선을 요구하는 서신을 보내 이승만을 불안하게 했다. 젊은 국회의원들은 국회에서 친일파 청산을 위해 '반민족행위

특별조사위원회(반민특위)'를 만들었다. 친일파의 지지가 버팀목인 이승만은 궁지에 몰렸다.

이승만은 공산주의의 위협이라는 것을 이용해 불안을 잠재우려 했다. 필요할 때마다 제주도 부근에 소련 선박이 출현했다고 발표 했지만 근거가 있었던 적은 단 한 번도 없었다. 또 김달삼(이승진) 이 해주에서 열린 남조선인민대표자회의에 참석해서 열렬한 환영 을 받은 것이야말로 제주도 폭도들이 북한의 지령을 받은 증거라 고 했다. 그러나 김달삼은 인민대표자회의에 참가한 1,002명의 남 한 대표 중 한 명일 뿐이었다. 그럼에도 이승만 정부는 두 상황을 이용해 제주도에서 벌어진 일이 마치 소련과 북한의 지령을 받은 공산 반란이라는 증거로 사용했고 대토벌의 근거로 삼았다.

새롭게 출범한 대한민국 정부가 제주도민에게 아량을 베풀 거란 기대는 가을로 접어들면서 무참히 깨졌다. 800여 명의 응원 경찰 을 보내며 제주도에 잔인한 총구를 겨누기 시작했다. 유혈 진압을 앞두고 제주경찰청장을 평안남도 출신의 홍순봉으로 바꿨다.

홍순봉은 일본 경찰 간부에게 강의까지 하던 법률 전문가였다. 만주국 경찰로 항일운동가를 탄압하는 데 앞장선 그는 해방이 되 자 남한 경찰로 기회를 잡았다. 홍순봉은 서북청년단 출신을 대거 데리고 제주에 왔다. 홍순봉이 제주에 머무는 동안 3만 명에 가까 운 제주 사람이 학살당했다.

이승만 정부는 제주도 토벌을 위해 일본군 출신 송요찬을 국방 경비대 9연대장에 앉혔다. 이승만은 일본군 출신을 좋아했다. 대통령 재임 중 육군참모총장이 모두 일본군 출신이었고 광복군 출신은 한 명도 없었다.

대한민국 육군의 첫 작전은 제주도 토벌로 시작되었다. 9연대는 가을부터 토끼몰이 사냥을 하듯 무장대 수색 작전에 나섰다. 미군정 보고서는 가을부터 벌어진 토벌을 '레드 헌트' 즉 사냥으로 표현했다.

1948년 10월 17일 송요찬은 일명 소개령(주민을 다른 곳으로 분산해서 이주시키는 명령)이라고 하는 다음과 같은 포고문을 발표했다.

"군은 10월 20일 이후 해안선으로부터 5킬로미터 이외의 지점 및 산악 지대의 무허가 통행 금지를 포고함. 이 포고에 위반 되는 자는 그 이유가 어떻든 폭도배로 인정하여 총살에 처할 것임."

다음 날 제주 해안은 해군에 의해 완전히 봉쇄되었고 제주는 철저하게 고립되었다.

제주에서는 가을에 꼴을 베어 낟가리로 만들어두고 겨우내 말이나 소에게 먹였다. 꼴밭은 대부분 해안에서 5킬로미터 위에 있었다. 들판에 꼴을 베러 나간 제주 사람들은 새까맣게 몰려드는 군인을 보고 기겁했다. 또한 제주 사람들에게 조는 가장 중요한 식량이었다. 조밭은 해안 쪽에만 있지 않았다. 조를 베러 나간 젊은 남자들은 토벌대의 총탄에 쓰러졌고 조의 잎사귀가 붉게 물들었다.

사람들은 토벌대의 제복 색에 따라 경찰은 검은 개, 군인은 노랑 개라고 불렀다. 경찰의 수색은 형편없었지만 군인들이 오면 마을의 젊은이 몇이 죽고, 집은 불태워졌다.

대토벌을 위해 군대 병력을 더 보내려던 계획은 뜻밖의 사건을 불러왔다. 여수 주둔 제14연대 중 1개 대대가 '제주도 토벌 출동거부 병사위원회'의 이름으로 동족을 향해 총구를 겨눌 수 없다고 반란을 일으켰다(여순 사건). 그러나 그것이 제주 사람들의 비극을 멈출 수는 없었다.

다른 중산간 마을처럼 소년 임두홍의 마을도 모조리 불탔다. 그나마 부녀자나 노인, 어린이들은 해변 마을로 피할 수 있었지만 젊은 남자들은 오도 가도 못했다. 중산간 지대 사람이라는 이유로 폭도 취급당했다. 그들은 타버린 집터 위에 움막을 짓고 추운 겨울을 지내야 했다. 그러다 9연대에게 걸리면 총살당했다. 변호의 기회도 얻지 못했고 재판도 없이 이뤄지는 즉결 심판이었다.

소년 임두홍 일행은 봉개 민오름에 있는 궤(굴)에 머물며 곧 내려갈 수 있을 거란 산사람들의 말에 실낱 같은 희망을 걸었다. 그러나 겨울이 오도록 상황은 변하지 않았다. 토벌대는 수색 범위를 점점 좁혀왔고 일행은 일본군이 파놓은 굴로 옮겼다. 사람들은 점점 불어 굴에는 100여 명이 모여 있었다.

모두들 가을에 입은 옷 그대로였다. 옷에는 때가 묻고 이가 들끓었지만 배고픈 것에 비하면 아무것도 아니었다. 주인을 잃고 산속을 떠도는 소와 말을 잡아먹기도 했고 밤이면 숨겨둔 곡식을 찾아 죽을 끓여 먹기도 했다.

임두홍은 이듬해인 1949년 군인들에게 발견되어 산을 내려왔다. 이때는 '**사태가 완화된 때**'*였기에 목숨을 건졌고 석방증을 얻었다. 그러나 양민증을 가진 사람은 대접받았지만 석방증을 받은 사람들은 아랫마을 사람과 경찰에게 빨갱이라고 멸시받았다. 석방증을 받은 청년들을 툭하면 끌고 가서 바다에 수장했다.

임두홍이 청년이 되어 해병대에 갔을 때 대한민국 사람들은 여순 사건도 거창 학살도 잘 알고 있었다. 하지만 제주 4·3 사건은 아무도 몰랐다. 그저 '제주에는 여자가 많다며?' 하고 놀릴 뿐이었다. 제주 4·3 사건 위원회에서 접수한 신고에 따르면 전체 희생자의 78.7%가 남자였다.

— 〈경향신문〉 '내가 겪은 사건 실기' 공모 당선작, 임두홍의 〈4·3 폭동〉을 재구성.

---

*제주 사람들은 제주 4·3 사건을 '사태 때'라고 하고, 토벌보다 선무(민심을 안정시키는 일)를 우선으로 하여 무조건 총살하지 않던 1949년 봄 이후를 '사태가 완화된 때'라고 한다.

남북 두 개의 정부 수립

단독 선거에 반발하여 통일 정부 수립을 목표로 1948년 4월 19일 북한에서 열린 제1차 연석회의에 남한에서 김구, 김규식 등이 참석 했다. 5·10 총선거가 치러지고 남한에서 단독 정부 수립이 가까워 지자 '제2차 남북조선 제정당사회단체 연석회의'가 1948년 6월 29일부터 7월 5일까지 새로운 정부 수립을 목표로 평양에서 열렸 다. 제2차 연석회의에 대해 김구와 김규식은 남한에 단독 정부가 들어섰다고 북한에서도 단독 정부를 수립하겠다는 것은 민족 분열 행위라며 불참했다.

북한은 제2차 연석회의에서 자신들이 세울 정부는 통일 정부란 점을 강조했다. 이에 따라 통일 정부를 지향하는 사람들이 남한에서도 지하 선거를 통해 1,002명의 대표자를 뽑아 회의에 참석했다. 이들이 8월 21일 해주에서 남조선인민대표자대회를 열어 최고 인민회의 대의원(국회의원) 360명을 뽑았다. 김달삼은 허헌, 박헌영, 홍명희 등 거물들 과 어깨를 나란히 하며 35명의 주석단 중 한 명으로 뽑혔다.

이어 9월에는 남한 측 대의원 360명과 북한에서 선출된 대의원 212명으로 구성된 최고인민회의(국회)에서 헌법을 제정하고 김일성을 초대 수상, 박헌영을 부수상으로 선출했다. 이로써 남과 북에는 이념과 체제를 달리하는 대한민국과 조선민주주의인민공화국이 수립되어 오늘날까지 이어지고 있다.

제주도 남로당 지도부는 제주 4·3 무장봉기를 일으킨 이유에 대해, 탄압에 대한 저항과 단독 선거 실시에 따른 분노가 폭발해 자연 발생적으로 총궐기한 것이라고 주장했다. 따라서 단독 선거가 끝나자 선택의 갈림길에 놓였다. 그대로 남아서 분단을 받아들일 것인가 아니면 북한에서 수립하려는 통일 정부를 받아들일 것인가. 결국 그들은 북한행을 택했다.

무장봉기 지도부 여섯 명이 북한으로 탈출하자 제주 사람들은 배신감을 느꼈다. 민중을 버리고 가족과 탈출한 장두 김달삼에 대한 제주 사람들의 평가는 하루아침에 곤두박질 쳤다. 김달삼의 뒤를 이어 무장대 총책이 된 이덕구는 끝까지 제주 사람들과 함께했다. 제주 사람들은 이덕구를 이재수와 같은 장두로서 인정했다.

개인에 대한 평가를 뒤로하고, 4·3을 일으킨 주역들이 남한 정부가 아니라 북한 정부를 선택한 것은 제주에 피바람을 불러왔다. 제주 4·3 사건이 북한과 연계된 공산주의자들이 일으킨 봉기라고 주장하는 데 이것보다 더 확실한 증거가 없게 되어버렸다.

여순 사건과 국가보안법

1948년 10월 15일 여수에 주둔하고 있던 국방경비대 제14연대는 육군 사령부로부터 4일 후에 1개 대대를 제주도로 출동시키라는 명령을 받았다. 이 명령은 14연대 사병들을 갈등 속으로 몰아넣었다. 그들은 제주도 진압 대신 반란을 선택했다. 반란군은 파죽지세로 여수 시내를 장악했다.

해방 후 경찰은 생사람을 좌익으로 몰아 때려잡는 등 행패가 심했다. 그래서 좌익계나 좌익으로 몰린 젊은이들은 경찰의 횡포를 피해 국방경비대로 들어갔다. 그러다 보니 곳곳에서 경찰과 국방경비대 간 충돌이 벌어졌다. 아직 정부 수립이 이뤄지지 않은 탓에 국경이 없는 상황에서 국방경비대는 역할이 애매해 경찰의 보조 정도로 취급받거나 천덕꾸러기로 여겨지기도 했다. 미군정은 남한의 치안을 우선시하여 경찰을 우대했고 이것이 갈등을 키웠다.

반란군은 경찰관과 우익계 인사 그리고 그 가족 수십 명을 처형했다. 이어 순천, 벌교, 보성, 고흥, 광양, 구례를 거쳐 곡성까지 점령했다.

정부는 여수와 순천에 계엄령을 선포했다. 전체 육군 병력의 3분의 1을 비롯하여 탱크와 군함 등 해군과 공군력이 총동원되어 주한미군 군사고문의 지휘 아래 진압에 나섰다.

마침내 여수를 탈환한 토벌군이 시내로 들어가보니 텅텅 비어 있었다. 반란군 1,000여 명은 이미 지리산 등으로 도주한 상태였다. 토벌군은 여수에서 반란군을 놓친 분풀이로 잔인한 복수극을 벌였다. 총 2,600여 명이 학살당하고 2만여 명의 이재민이 발생했다. 정부와 군 당국은 '인민재판 등 폭도들에 의해 학살된 사람들'이라고 주장했지만 그걸

봤다는 증인은 단 한 명도 없었다. 반란군이나 폭도에 의해 살해된 사람의 가족은 군 유가족과 비슷한 유족 연금을 받을 수 있는데도 신청자가 없었다. 희생자는 국가 공권력에 희생당한 것으로 무고한 시민이었다.

여순 사건으로 이승만 정부에 반대하는 사람은 깡그리 반란군 편으로 몰기 쉽게 되었다. 이승만 정부는 반대파를 확실하게 제압할 수 있는 국가보안법을 제정해 분위기를 굳혀갔다.

국가보안법에 대해 국회에서도 찬반 논란이 벌어졌다. 〈조선일보〉는 사설을 통해 국가보안법이 '크게 우려할 악법이 될 것'이라고 경고했다. 그러나 '피를 한 포기 뽑자면 나락(벼)을 다칠 때도 있다. 그렇다고 피를 안 뽑을 수는 없다'며 이승만 지지 세력은 한민당과 손을 잡고 국가보안법을 제정하여 12월 1일에 공포하였다. 그 후로는 통일에 대한 논의가 어렵게 되었다. 북측에 무엇을 제안하거나 남북 회담, 합작을 하자는 것도 국가보안법에 따라 처단될 수 있었기 때문이다. 이승만은 국가보안법의 힘을 빌려 반민족행위특별조사위원회를 무력화시키고 정적을 제거할 수 있었다.

독재 정권은 국가보안법을 정권 유지와 연장의 수단으로 사용했다. 이후로 인권 침해가 거듭되면서 폐지가 거론되었으나 폐지되지 않고 여러 차례 개정을 거쳐 지금에 이르렀다.

여순 사건은 '경멸적이고 죽여도 될 존재'로서의 빨갱이란 말을 탄생시켰다고 한다. 한국 현대사에서 좌우익의 건전한 견제 대신 반대파는 무조건 죽이는 무시무시한 편협함은 여순 사건을 통해 이승만 정부가 남긴 유산이라고 할 것이다.

서북청년회

서북청년회 제주도 본부단장이 된 김재능은 180센티미터가 넘는 키에 콧수염을 기르고 일본 군인처럼 긴 구두를 신었다. 김재능이 구두를 한 번 치켜들면 누군가는 초주검이 되었다.

맨몸으로 월남하여 제주에 온 만큼 서청 사람들은 누구보다 탐욕스러웠다. 누군가의 재산이 욕심나면 그 집안의 가장이나 장남을 잡아가면 됐다. 제주 사람들은 무슨 수를 써서라도 돈을 마련해 다시 가족을 데려왔다. 시내 노른자위 칠성로나 원정로 건물도 더러는 빼앗거나 헐값에 사들였다. 난리가 끝난 후 제주 상권은 이들의 손에 쥐어졌다.

서청 사람들은 국가의 재산이나 물품에도 손을 뻗었다. 그것을 관리하는 사람들이 하나둘 이들에게 끌려가 초죽음을 당했다. 제주도청의 2인자이자 제주도 살림을 맡은 도청 총무국장 김두현에게도 서북청년단원들이 우르르 몰려와 협박했다.

"광목이 필요한데 좀 내놓으시오."

김두현은 딱 잘라 거절했다.

"구호 대상자에게만 지급하는 물품이오. 엊그제 산 쪽 사람들에게 피습당한 서귀포를 비롯해 보내야 할 곳이 많은데 그마저도 부족하오."

1948년 11월 9일 김두현은 그들에게 끌려갔다. 그리고 얼마 후 근처 도랑에서 발견되었다. 이마와 왼쪽 다리가 찢어져 있고, 등은 매 자국으로 엉망이었다. 급히 도립병원으로 옮겨 응급조치를 취했지만 결국 숨졌다.

김두현의 장례식은 제주 읍내 관덕정 서쪽 용담동 밭에서 열렸다. 토벌대에게 죽은 사람들은 대부분 시신을 수습할 수 없는 시대였다. 길거리를 나다니는 것조차 꺼리던 수많은 사람들이 소식을 듣자 너도나도 장례식에 참석했다. 길고 긴 행렬의 조문객은 침묵으로 항의했고 무심한 바닷바람만 세차게 불었다.

김재능은 태연하게 보고했다.

"김두현은 잘 알려진 공산주의자로 단지 그를 조사하려 했을 뿐이지 죽이려 한 것은 아니다."

보고받은 홍순봉 제주경찰청장은 김재능을 처벌하지 않았다. 다만 김두현을 구타한 서청단원을 9연대 군인으로 입대시키는 것으로 신속하게 사건을 마무리했다.

'그는 공산주의자였다.'

이 말이면 살인도 허용되었다.

김재능은 제주 사람들의 입과 귀를 막기 위해 〈제주신보〉를 손에 넣고, 말발이 먹힐 만한 지도층 인사를 잡아들였다. 유해진 도지사에 의해 해임된 뒤 제주중학교 교장으로 가 있던 이관석의 집으로도 서청 사람들이 들이닥쳤다.

"잠시 다녀오마."

이관석은 어린 딸들에게 말하고 집을 나섰다. 아이들은 눈부시게 하얀 와이셔츠 차림으로 집을 나서는 아버지의 뒷모습을 보면서 불안한 마음을 애써 억눌렀다.

며칠 뒤 서청 사무실을 나오는 이관석의 와이셔츠는 피에 절어 있었고 온몸에는 멍이 들어 있었다. 김재능은 이관석을 9연대 정보과 책임자인 탁성록 대위에게 넘겼다. 김재능은 민간인이기에 처벌 권한이 없었다.

탁성록은 이관석을 보며 눈살을 찌푸렸다.

"성한 데가 없군. 아무짝에도 못 쓰겠어."

이관석은 의식 저편으로 아득한 말소리를 들으면서 제주농업학교 운동장에 설치된 천막 수용소에 버려졌다. 그곳은 탁성록의 천하였다.

탁성록은 더 이상 주삿바늘을 꽂을 데가 없을 정도로 지독한 마약 중독자였다. 약에 취한 채로 수많은 사람을 잡아들여 고문하고 학살했다. 그가 권총을 차고 수류탄을 목에 건 채 나타나면 모두가 숨을 죽였다. 정보과가 있는 칠성통의 건물 근처에선 비명 때문에 사람들이 귀를 막고 다녔다. 제주 사람들에게 악명으로는 탁성록이 김재능, 최난수와 함께 1, 2위를 다투었다.

탁성록은 매일 아침 점호를 했다. 키는 작았지만 권투를 해서 다부진 체격이었다. 그가 천막 안에 들어오면 수감자들은 재빨리 무릎을 꿇고 두 손을 모아 배에 갖다 대야 한다. 수감자들을 쓱 훑어보다가 누군가를 지목해 욕설하면서 발길질하면 그걸로 끝이었다. 부하들이 해당자를 즉각 끌고 가 처형했다.

천막 수용소에는 이관석이 아는 사람들이 많았다. 판사, 검사, 공무원, 의사, 교육자, 언론인, 학생으로 다들 제주에서는 내로라하는 이름 난 사람들이었다. 대토벌을 앞두고 반대의 목소리를 낼 만한 이들은 모조리 잡아들여 기를 죽여놓았다. 전 제주도지사 박경훈도 잡혔다가 지독한 고문을 당한 후 다행히 풀려났다. 박경훈의 가족은 피해를 입지 않았고 동생은 1980년 최규하 대통령의 사임으로 대통령 권한 대행을 지냈다.

얼마 지나지 않아 이관석을 부르는 목소리가 들렸다.

"석방이오."

그것은 총살형의 암호였다. 그는 십여 명의 사람들과 함께 사라봉 소나무밭에서 이유도 모른 채 총살당했다. 이관석은 마지막 순간 가족들의 모습을 떠올렸다. 아이들이라도 무사하길……. 그러나 비극은 멈추지 않았다. 애월중학교 교사였던 아들은 한국전쟁이 일어나자 '예비검속'에 걸려 쥐도 새도 모르게 수장당했다. 딸들은 **연좌제**˚에 걸려 고통받았다. 장인은 제주 최고의 우익 인사였지만 사위의 죽음과 가족의 비극을 막지 못했다.

이승만 대통령은 제주도 대토벌을 위해서는 (반공)사상이 투철하고 믿을 만한 서북청년단원이 필요하다고 말했다. 그들은 대거 제주로 향했다. 몽둥이만 들고 다니던 서청 사람들은 총과 칼을 쥐고 정식 경찰과 군인으로 대접받았다. 이들에겐 봉급이 지급되지 않은 대신 약탈이 묵인되었다.

서청 출신 경찰은 무자비했다. 외도지서는 특히 악명이 높았다. 가족 중에 누군가 안 보이면 도피자 가족이라고한다. 이들을 데려다 고문하고 초죽음이 되게 한 뒤 **민간인 특공대**˚에게 칼로 찌르게 했다. 특공대원들이 주저하자 서청 출신 경찰관 하나가 나서서 80여 명의 등에 일일이 칼을 꽂았다. 죽은 엄마 앞에서 버둥거리던 젖먹이도 칼날을 피해 가지 못했다. 그 자리에 있었던 특공대원은 한동안 밥을 먹지 못했다.

하귀 비학동산에서도 도피자 가족들을 모아놓고 총살했다. 팽나무에 임신부를 매달아놓고 대검으로 마구 찌르기도 했다.

"폭도 자식은 싹을 없애야 해."

제주 사람들은 팽나무가 마을을 지켜준다고 믿었지만 나중에 그 나무를 베어버렸다.

중산간 지대에서 9연대가 대토벌을 벌이는 동안 해안가 마을은 서청 출신들로 만들어진 특별중대가 휩쓸었다. 송요찬 연대장은 특별히 명령했다.

"특별중대에 대해서는 건드리지 마라. 만약 손대면 너희들 죽도록 터질 줄 알아라."

그들은 계급장도 없이 무늬만 군인이었지만 특별 취급을 받고 특별히 악랄했다. 특별중대가 머무른 한림, 월정, 성산에선 피바람이 불었다. 마음껏 약탈하고 거절하면 고문한 뒤 죽였다. 여자들은 특별중대원들의 성폭행을 피해 숨어 다녀야 했다.

* 범죄인과 친족 관계에 있는 자에게 연대 책임을 지우는 제도. 조선 시대에는 중국의 영향으로 연좌형이 통용되었다가 1894년 갑오개혁 때 폐지되었다. 그러나 한국전쟁과 남북 분단을 겪으며 사상범·부역자·월북 인사 등의 친족에게 불이익을 주는 것이 관행이 되었다. 이는 헌법에 보장된 기본권을 침해하므로 1980년에 폐지되었다.
* 젊은 남자들로 구성된 토벌대 보조대로 무기도 없이 토벌의 맨 앞에 서도록 했다.

월정에서는 주민들을 모아놓고 그 앞에서 할아버지와 손자가 서로 뺨을 때리게 했다. 둘은 때리는 시늉만 하다 특별중대원들에게 죽도록 맞았다. 구장과 민보단장이 돈과 소를 바치자 폭행을 멈췄다.

성산의 감자 창고에선 사람들의 비명이 끊이지 않았다. 거꾸로 매달아 끓는 물을 코에 붓거나 불에 달군 쇠로 지져댔다. 매를 이기면 살고 지면 죽었다. 차라리 죽는 게 낫다 싶었던 사람들은 끝내 거짓 자백을 했다. 비명 소리가 멈추면 트럭이 오고, 트럭에 실려 간 사람은 터진목에서 학살당했다. 그곳에서 보초 서던 순경조차 거듭되는 학살극에 충격을 받아 입이 삐뚤어져버렸다.

학살이 끝나면 손톱과 발톱에 못이 안 박힌 곳이 없는 시신 속에서 어머니가 아들을 찾아 업고 왔다. 시신이라도 찾은 사람들은 다행이라 여겼다. 많은 사람들이 불에 태워지거나 발가벗겨져 바다에 수장당하거나 암매장당했다. 언제 죽었는지도 모르고 시신도 찾지 못한 유가족들은 생일날 제사를 지냈다.

서청에게 끌려간 성산 사람 박우창은 마지막임을 직감하고 가족들에게 유서를 보냈다.

어머님께 올립니다. 못난 이 자식은 갑니다. (…) 금자야, 문자야, 윤부야 잘 있거라. 너희 얼굴이 다시 그립다. 복수야, 내가 죽은 후에 아이를 잘

길러서 대한민국에 충성하도록 해다오. (…) 일가친척 어른들 미안합니다. 내가 종가에 양자로 들어서 종가를 잘 지키지 못하고 죽게 된 것을 무엇이라고 말씀을 전하면 좋을지 모르겠습니다. 우리 집 가운이 부족하여 이러하지 않았습니까. 윤부야, 너는 훌륭한 사람이 되어라.

— 〈제민일보〉 4·3 취재반의 '4·3은 말한다(4권)'을 재인용.

살인 면허

1948년 11월 17일 이승만 대통령은 제주도에 계엄령을 선포했다. 이후 제주 사람들은 계엄령이란 말만 들어도 가슴이 떨렸다. 그것은 제주 사람에게 군인과 경찰이 이유 없이 국민을 죽일 수 있다는 뜻이었다. 그날 이후로 아무 이유 없이 가족이나 이웃이 죽어도 제주 사람들은 체념하듯 말했다.

"계엄령 때문에……"

송요찬 사령관이 이끄는 군경 합동 토벌대가 이미 충분히 제주를 공포의 섬으로 만들고 있었지만 이승만 대통령은 여전히 불만이었다.

"내가 듣고 싶은 말은 지금 공비(공산당의 유격대) 토벌 작전이 이렇다 저렇다 하는 것이 아니라 공비가 없어졌다는 보고요."

이승만 대통령은 대한민국이 유엔에서 국가로 승인받는 데 제주도에서 단독 정부에 대한 저항이 계속되고 있다는 사실이 걸림돌이 될까 두려웠다. 수단과 방법을 가리지 않고 제주도 사태를 마무리 짓기를 원했고 이제 남은 그 수단과 방법은 계엄령뿐이었다. 막상 계엄령을 선포하고 보니 계엄법이 없었다. 법률에 박식한 이인 법무부장관이 있었지만 문제 삼지 못했다.

송요찬은 자신이 계엄사령관에 임명되었다는 소식을 듣자마자 홍순봉 제주경찰청장을 찾았다.

"계엄령이 뭐지요?"

"계엄령은 쉽게 말해서 작전 지역 안에 있는 사람과 재산을 맘대로 하란 말이오."

홍순봉은 일본군이 간도와 동남아 곳곳에서 벌인 잔인한 초토화 작전이 계엄령의 본보기라고 알아듣게 말했다. 일본군 출신들은 이미 여순 사건에서 계엄령의 본보기를 잘 보여준 터였다. 송요찬은 고개를 끄덕였다.

'살인 면허로군.'

제주에선 이제 31살의 송요찬이 곧 법이고 국가였다. 군인들의 발걸음이 바빠졌다. 중산간 마을에는 총소리가 끊이지 않았고 집은 불에 타 하늘이 벌겋게 달아올랐다. 불이 잦아들고 남은 것은 잿더미 속 시신뿐이었다. 이미 젊은 사람들이 떠나고 없는 마을에 남겨진 노약자와 부녀자들은 속수무책으로 죽어갔다.

시신을 향해 개와 까마귀가 달려들었다. 숨어 있던 사람들은 군인이 떠나면 시신이 훼손되는 것을 막으려 급한 대로 가매장했다. 죽은 자도 산 자도 지옥 속에 있었다.

군인들은 한라산으로 포위망을 좁혀 들어갔다. 곶이라 불리는 숲 속이나 궤라 불리는 굴속에 숨은 사람들을 발견하면 방아쇠를 거침없이 당겼다. 재판은 사치였다. 무죄 추정의 원칙은 유죄 추정에 의한 총살형으로 변질되었다.

송요찬 계엄사령관은 자랑스럽게 보고했다.

10월 1일~11월 19일(계엄령 이전): **1,625명 사살, 1,383명 체포.**
11월 20일~11월 27일(계엄령 이후): **576명 사살, 122명 체포.**
노획된 무기 없음.

11월 20일 계엄령 이후에는 무기가 없는 비무장 민간인일지라도 체포하기보다 사살했다. 토벌대의 눈에 그들은 폭도에게 식량을 보급하고 토벌대의 이동 상황을 알려주는 공비였다. 군인들은 이렇게 말했다.

"지금은 계엄령 아래다. 사람 죽이는 게 계엄령이다."

아무도 반박하지 못했다. 계엄령이란 걸 들어본 적이 없었기 때문이다. 사실, 계엄법이란 법률조차 없었으니 계엄령에 대해 아는 사람이 있을 턱이 없었다.

무차별 학살이 거듭되면서 9연대 병사들은 악마로 변해갔다.

제주읍 월평 마을 다라쿳 부근에서 잡힌 젊은 여인은 산 채로 가슴이 도려내어졌다. 그녀는 그 끔찍한 고통을 견디지 못하여 땅바닥을 긁어대 손톱이 다 빠졌고, 부근에는 잔디가 남아 있지 않았다. 함덕에서는 군인들이 사람을 학교로 끌고 가 남녀 모두 옷을 홀랑 벗겨 음란 행위를 강요하며 놀다 죽였다. 또 맘에 드는 여자가 있으면 곧 야수로 변했다.

토벌대는 중산간 지역에서 다른 마을로 소개되어 온 여인들에 대한 성폭행을 밥 먹듯 했다. 이것을 그들은 '처녀 토벌'이라고 불렀다. 당한 여자들은 수치심을 못 이겨 자살하거나 평생 끔찍한 기억 속에 시달렸다. 가족 중에 누군가 무장대로 활동하면 입산자 가족이란 낙인이 찍혔다. 도피자 가족과 함께 이들은 계엄령과 동시에 줄줄이 끌려가 총살당했다.

1948년 12월 토벌대는 조몽구의 가족을 끌어내 눈부신 표선 바닷가 백사장으로 끌고 갔다. 한모살이라 불리는 그곳에서 두 살짜리 막내를 포함 네 명의 아이와 아내가 총살당했다. 조몽구의 가족뿐 아니라 수많은 도피자 가족과 입산자 가족이 함께 끌려와 총살당했다. 한동안 백사장은 붉게 물들어 있었다.

남로당 간부 조몽구를 비롯한 원로들은 무장봉기를 반대했다. 그것이 가져올 파국을 알고 있었기 때문이다. 그러나 젊은 당원들의 분노가 원로들의 염려를 이겼다. 봉기가 일어난 뒤 조몽구는 제주를 떠났고 나중에 부산에서 체포되었다. 그가 받은 형량은 징역 8년이었다. 조몽구를 남편과 아버지로 둔 죄가 더 무거웠던 시절, 그것이 계엄령 시절이었다.

1949년 4월 1일 작성된 미군 보고서는 이렇게 말했다.

"모든 저항을 없애기 위해 중산간 마을 주민들이 모두 유격대에 도움과 편의를 제공한다는 가정 아래 마을 주민에 대한 '대량 학살 계획'을 채택했다. 학살의 대부분은 제9연대가 점령한 1948년 12월까지 자행되었다."

다랑쉬굴의
비극

　제주 동쪽 구좌면 하도리에서 손에 꼽히는 부유한 집안으로 시집갈 때만 해도 이성란은 자상한 남편과의 행복한 삶을 꿈꿨다. 시아버지 오문규는 모두의 존경을 받는 마을의 지도자였다. 일제강점기에는 해녀 항쟁의 배후 인물로 찍혀 옥고를 치르기도 했고 해방 후에는 건국준비위원회와 인민위원회 활동을 열심히 했다.

　3·1절 발포 사건 이후 오문규도 다른 항일운동가들과 다르지 않은 운명에 놓였다. 경찰의 눈을 피해 일본으로 밀항했고 순식간에 집안은 풍비박산이 났다.

　"설마 여자들에게까지 무슨 일이 있겠소?"

　이성란의 남편은 신혼의 단꿈을 떨치고 헤어져야 하는 일이 아쉬워 수없이 뒤돌아보다 마침내 낡은 어선에 몸을 싣고 육지로 도피했다. 여자라서 별일 없을 거란 생각은 착각이었다. 이성란에겐 좌익 집안이란 낙인 위에 도피자 가족이란 굴레가 덧씌워졌다.

이성란은 마을의 몇 사람과 함께 밤을 틈타 아름다운 바닷가 마을 하도리에서 벗어나 산으로 무작정 올랐다. 그녀는 혼수품인 비로드(벨벳, 당시 멋쟁이들에게 인기가 있던 고급 옷감) 옷감을 품에 꼭 안았다. 언젠가 남편이 돌아오면 새 옷을 지어 입고 다시 행복한 신혼 생활을 하리란 꿈을 버리지 않았다. 산으로 가는 들판에는 아직 수확하지 않은 조와 메밀이 익어가고 있었다.

"어디 사람이오?"

다랑쉬오름 주변을 헤매고 있을 때 갑자기 나타난 젊은 남자가 물었다. 행색이 산사람으로 보여 안심했다. 군인이나 경찰에게 걸리면 당장 총살당할 게 뻔했다.

"하도 사람들입니다."

젊은 남자는 자초지종을 듣더니 다랑쉬굴로 안내한 뒤 떠나면서 길게 연설을 늘어놓았다.

"곧 제주는 해방될 것이니 조금만 기다리시오. 토지를 무상으로 나눠줄 것이고 모두가 잘살게 될 것이오."

이성란은 공짜로 나눠준다는 토지나 모두가 잘 산다는 낙원보다 불안한 하루하루가 얼른 끝났으면 했다.

'산사람들은 어째서 이렇게 낙관적일까? 해변 마을은 이미 지옥이 되었는데…… 저 사람들은 자기 가족이 겪는 고통을 알까?'

굴 안에는 먼저 도피해 온 하도 사람들이 있었다. 여자들이 대부분이고, 엄마를 따라온 남자아이들도 있었다.

"곧 난리가 끝나겠지."

물질을 하고 밭일을 해서 악착스럽게 집안을 일구고 남편과 자식들을 공부시킨 여인들은 이곳에서도 희망을 버리지 않았다. 그들의 강인한 마음이 이성란의 마음을 다독였다.

가을이 깊어질 때쯤 종달리 젊은 남자들이 우르르 굴로 들어왔다.

"계엄령이 떨어져서 사방 천지가 쑥대밭이에요."

그들은 어두운 얼굴로 말했다.

종달리 젊은 남자들은 마을 청년 모임을 단속하러 나온 경찰과 충돌한 1947년 6월 6일 이후 악몽을 꾸는 듯했다. 마을 청년 대부분은 그 일로 감옥에 가거나 도피했다. 일부는 살아남기 위해 우익 청년 모임에 가담했다. 그중에는 임 씨도 있었다.

임 씨는 마을 민보단장이 되었다. 손가락질 하나면 사람들의 목숨은 끝이었다. 그의 눈 밖에 난 젊은이들은 결국 마을을 등져야 했다. 임 씨와 민보단장 자리를 놓고 다퉜던 고순경도 마을을 떠나야 했다. 그런데 도피자 가족으로 몰릴 형 고순환이 염려스러웠다.

형은 정신 질환을 앓고 있었다.

"나 혼자 숨을 수 없어요. 형님을 데려갈게요."

형제는 다른 종달리 청년들과 함께 다랑쉬굴로 들어왔다.

남은 가족들이 입산자 가족으로 몰려 처참하게 죽어간다는 소식은 바람을 타고 산으로 올라왔다. 무장대원들은 극심한 분노에 휩싸였다. 특히 같은 마을 사람인 민보단원들이 밀고를 일삼고 토벌대와 한편으로 학살을 돕는다는 소식이 모두를 전율케 했다.

"복수해야 하오."

제주 사람들을 외세로부터 해방시켜 평등 세상을 이끌어내겠다는 애초의 결의는 분노에 묻혔다. 김달삼이 제주를 떠난 뒤 무장대 총책의 자리에 올라 칼 같은 정의를 믿으며 질서를 지키던 이덕구는 대원들의 사기를 무시할 수 없었다. 게다가 겨울이 닥쳐오고 있었다. 겨울을 나려면 옷과 식량이 필요했다. 이미 중산간 마을은 전부 소개되어 텅 빈 터라 보급받을 곳이 없었다.

눈에는 눈 이에는 이, 복수와 약탈이 결정되었다. 지서가 있어서 민보단과 토벌대가 끈끈하게 맺어진 우익 마을인 구좌면 세화리, 남원면 남원리와 위미리, 한림면 두모리, 표선면 성읍리가 선택되었다.

12월 3일 밤 지서가 있는 세화 마을에 벌겋게 불길이 치솟았다. 무장대가 마을을 습격해 민가에 불을 지르고 우익과 경찰 가족을 살해했다. 서청 출신 경찰이나 대청 소속 청년들의 악행이 끊이지 않았고 마을 청년들이 토벌에 적극 참여한 데 대한 보복이었다. 그러나 변변한 무기가 없었던 무장대는 경찰들 털끝 하나 건드리지 못하고 애꿎은 사람들 수십 명만 무차별 학살하였다.

마을 주민에 대한 무차별 학살이 처음으로 벌어지자 제주 사람들은 무장대에게 등을 돌렸다. 이제 더 이상 산사람이란 친근한 이름으로 그들을 부르지 않고 산폭도라고 불렀다. 입산자 가족들에겐 돌을 던지기 시작했다. 소개되어 온 사람들마저 의심의 눈으로 바라보았다.

내려오지도 올라가지도 못한 채 중산간 지역 굴이나 숲에 숨어 있는 사람들은 더욱 발이 묶여버렸다. 제주는 화산섬이라 곳곳에 덤불과 굴이 많은 것이 도피자들에게 처음엔 행운이었으나 점점 재앙으로 변해갔다.

세화지서에 숨어 있던 경찰들은 날이 밝자 무시무시한 보복에 나섰다. 지서에 감금된 사람을 모두 처형하고 마을마다 도피자 가족을 찾아내 총살했다. 고순환의 어린 아들도 그렇게 엄마를 잃었다.

1948년 12월 18일 아침 9시. 군인과 경찰, 민보단으로 만들어진 토벌대가 다랑쉬오름 주변 수색에 나섰다.

"다랑쉬오름 앞에 폭도들 본거지가 있다. 오늘 그곳을 찾아 소탕할 것이다."

그러나 거의가 초원이나 밭이고 억새가 있거나 돌이 흩어져 있어서 입구를 찾지 못하였다.

'물컹.'

흙을 얇게 덮어놓은 대변이 발에 밟혔다. 순간 정적이 흘렀다. 토벌대는 천천히 주변을 살폈다. 여기저기 밥을 해 먹은 흔적들이 있었다. 흔적을 따라가보니 굴의 입구가 나타났다.

"너희들이 거기 있는 거 다 알고 있다. 자수하면 살려주겠다. 안 그러면 모두 죽이겠다."

굴 안에서 부스럭거리면서 젊은 남자가 나왔다.

"나를 내려보내주면 가서 사람들을 데리고 나오겠소."

군인들은 젊은 남자의 몸에 끈을 묶어서 안으로 보냈다. 하지만 아무도 굴 밖으로 나오지 않았다. 끈을 당겨보니 끊어져 있었다.

"지독한 것들!"

어느 군인의 입에서 욕설이 터져 나왔다. 군인들은 근처에 널린 꼴이랑 메밀 짚단을 모아 불을 붙였다. 매캐한 연기가 뿜어져 나왔다.

"연기를 굴 안에 넣어."

잠시 후 동굴 속에서 청년이 뛰쳐나와 도망갔다. 민보단원들이 달려가 청년을 붙잡자 군인이 즉각 총살했다.

한참 동안 연기를 피웠지만 더 이상 나오는 사람이 없었다. 군인들은 입구를 돌로 막고 그곳을 떠났다.

"나가봐야 죽어요. 여기서 우리 함께 죽읍시다."

굴 안의 사람들은 누구랄 것도 없이 고개를 끄덕였다. 어머니는 아들을 안고 하염없이 울었다. 연기가 서서히 스며들었다. 숨이 막히고 목이 찢어졌다. 이성란은 어선에 몸을 싣는 남편의 뒷모습이 어렴풋이 보이는 듯했다. 어디서부터 잘못된 것인지 무슨 죄를 지었기에 이런 가혹한 벌을 받는지 도무지 알 수 없었다.

"다음 세상에서 만나요."

이성란은 멀어져가는 남편의 뒷모습에 작별을 고하고 땅으로 머리를 깊숙이 파묻었다. 마지막까지 비로드 옷감을 꼭 쥐고 있었다.

다랑쉬굴에서 죽은 사람은 모두 열한 명이다. 종달리 젊은 남자 일곱 명과 하도리 이성란을 비롯한 여인 세 명, 아홉 살 남자아이 한 명이었다.

토벌대는 그들이 폭도라고 발표했다. 오랫동안 굴은 방치되었다. 친척도 시신을 수습할 엄두를 못 냈다. 남편을 잃은 여인은 고향을 등지고 육지에서 물질하며 아이를 키웠다. 부모를 잃은 고순환의 아들은 평생을 빨갱이 자식이라고 손가락질당했다. 이성란의 남편도 부산에서 잡혀 총살당했다.

1991년 겨울, 제주4·3연구소는 다랑쉬굴에 대한 이야기를 듣고 발굴에 나섰다. 이듬해 우여곡절 끝에 발견한 다랑쉬굴에는 11구

의 유골과 함께 그들이 사용한 물건들이 나왔다. 밥을 지어먹던 솥과 반합, 양푼, 도끼와 농기구, 기름 병, 석유 병, 군화와 고무신, 안경과 철모, 물을 긷던 허벅 그리고 철창 하나였다. 그들이 폭도라는 증거는 어디에도 없었다.

유해는 44년 만에 좁고 어두운 굴을 벗어나 빛을 보게 되었고 바다에 뿌려졌다. 아홉 살 아이는 세상에서 가장 끔찍한 방식으로 살해당한 이유를 알았을까? 계엄령이란 말을 알아들었을까?

이름을
뺏기지 말라

모슬포에서 태어난 고춘언은 육지를 오가며 장사하는 형의 영향으로 민족 자주 의식에 자연스럽게 눈을 떴고 청년운동에 관심이 많았다.

일제강점기 일본 경찰은 제주도 사람들의 항일운동을 이렇게 표현했다.

'조천의 두뇌, 대정의 완력, 애월의 언변, 중문의 배짱.'

이 마을들은 해방 후 좌익 활동도 활발했다. 그런 만큼 경찰의 탄압도 강력했다. 그 결과 조천과 대정에서 고문치사 사건이 벌어졌다. 사람들은 격분했다.

"이렇게 하다간 동네 청년들 다 잡아갈 듯하네."

"산에 사람들이 모였다고 해. 본때를 보여주려고 말이야."

몇몇 남로당 핵심 당원들이 마을에서 사라지기 시작했다. 고춘언은 그들이 산으로 갔다고 짐작했다.

마침내 4월 3일 봉기가 일어났다. 대정 지역엔 국방경비대가 주둔하고, 제법 큰 모슬포지서가 있기 때문에 겉으로는 평온했지만 마을 청년들은 분주했다.

"춘언이, 나와보게."

밤이면 마을 청년들이 고춘언을 몰래 불렀다.

"이번엔 무슨 일인가?"

고춘언은 사방을 살피면서 바지 끈을 질끈 동여맸다.

"산에서 연락이 왔네. 안덕에서 모슬포로 오는 길을 끊어놓으라고 말일세."

고춘언은 마을 청년들과 함께 밤새 도로를 차단했다. 산에서는 왓샤 시위를 해라, 봉화를 기습적으로 올려라, 전깃줄을 끊어라 같은 연락이 내려왔다. 그럴 때마다 무언가 보탬이 되어서 뿌듯했다. 자신은 굶으면서도 산으로는 쌀을 보냈다.

'싸우려면 힘이 있어야지.'

어서 무장대가 힘을 내어 경찰의 항복을 받아내길 바랐다. 그러

144

면 다시 평화로운 옛날로 돌아갈 수 있으리라. 해방 후 뜨거웠던 그 순간이 다시 오면 외세의 간섭 없이 제주 사람들끼리 서로 돕고 평등한 세상을 만들어낼 수 있을 거라 생각했다.

1948년 여름, 김달삼이 제주를 떠났다는 소식을 들었다.

"가족도 모두 떠난 모양이야. 돌아오지 않을 셈인가 보네."

제주도 역사에서 싸움이 끝나지 않았는데 장두가 먼저 섬을 나간 일은 없었다. 마을 청년들의 얼굴에 그늘이 드리워졌다.

"대신에 이덕구가 총책이 되었다는데, 이 양반이 귀신 같은 사람이라 산군들이 결코 지질 않는다는군."

고춘언의 가슴에 혹시나 하는 희망이 솟았다.

가을이 되면서 모든 게 변하기 시작했다. 산으로 올라갈 사람은 다 올라갔고 고춘언과 산사람들을 이어주던 끈도 떨어졌다. 들리는 소문에 의하면 중산간 마을이 불타고 수많은 사람들이 죽어가고 있다고 했다. 그래도 산사람은 거의 피해가 없다고 했다. 토벌대는 귀신 같은 이덕구를 쫓다가 허탕 치고 대신 무수히 많은 제주 사람들의 시체만 쌓아갔다.

계엄령이 내려지고 중산간 지대가 초토화하면서 무장대는 고립되어갔다. 곳곳에서 식량과 옷을 뺏으려 산간 마을을 습격했다. 무장대에 저항하면 목숨을 잃고 고분고분 내주면 토벌대에게 처형당했다. 산사람도 무섭고 토벌대도 무서운 날들이 시작되었다.

무장대라곤 코빼기도 안 보이던 모슬포에서도 토벌에 대한 보복으로 우익 인사가 살해당했다. 토벌대는 즉시 마을 경비 책임을 맡은 이장을 총살했다. 출마만 하면 국회의원이 될 사람이라며 마을 사람들의 존경을 받던 이신호도 둘째 딸이 보는 앞에서 총살당했다.

이신호는 일제강점기 시절 서울로 유학 갔다가 고향에 헌신하기 위해 내려와 항일운동을 하다 옥고를 치렀다. 해방 후 과도입법의원에 당선되었으나 곧 사퇴한 뒤 3·1절 집회와 총파업을 주도한 혐의로 유죄 판결을 받아 감옥에 있다가 나왔다.

4·3의 회오리 속에서 같이 항일운동을 한 친구들이 하나둘 제주를 떠났다. 일본인 기업가에 맞서 모슬포 경제를 일으키고 항일운동을 도운 김임길도 이도일도, 건국준비위원회를 만든 오대진도 떠나면서 이신호에게 같이 갈 것을 권했다. 하지만 그는 고집스럽게 가족과 고향을 지키다 총살당했다.

이신호의 집 맞은편에 살던 고춘언에겐 그날 총소리가 더욱 크게 느껴졌다. 언제 총구가 자신의 가슴을 향할지 모른다고 생각했다. 군인들이 더 자주 마을로 드나들었고, 주인 잃은 개는 마을 밖을 떠돌았다.

1948년 12월에 접어들면서 군인들의 눈빛이 달라졌다. 2연대 군인들이 들어온다는 소식을 들은 9연대 장교들은 동요했다.

"2연대가 여순 반란을 완전히 진압했다면서? 큰일이네. 우린 아직 끝을 못 내고 돌아가게 생겼잖아."

장교들은 육지로 나가기 전에 빛나는 무공을 세울 생각을 골똘하게 했다.

> 최근 제9연대의 진압 작전이 계속적으로 성공을 거두고 있으며 그 이유는 '수준 높은 작전'을 전개하려는 욕망과 제2연대 성공자들의 훌륭한 업적에 부응하려는 욕망 때문이다.
>
> - 1948년 12월 15일 미군 보고서

군인들은 새벽부터 가시리 마을을 덮쳐 산에서 내려오며 토벌을 시작했다. 표선면에서 공식 집계된 4·3 당시 사망자 750명 가운데 절반이 넘는 422명이 가시리 사람이었다. 중산간 지역에 있는 고향을 버리지 못한 것이 죄라면 죄였다.

총살을 면하고 붙잡힌 사람들은 서귀포경찰서에서 모진 고문을 받았다. 그중에는 네 살 난 아들을 데리고 있던 한신화도 있었다. 여인은 죄목도 모른 채 감옥에서 일 년을 살았다. 그동안 아들은 고아원으로 보내졌고 그것이 영원한 이별이었다. 한신화는 70년이 넘도록 아들이 보고 싶을 때마다 노랫가락처럼 이 말을 읊조렸다.

"우리 양봉선아 양봉선아, 날 찾아오라."

그러나 아들을 다시 볼 수는 없었다.

표선면 토산리에서도 군인들은 다시 한 번 '수준 높은 작전'을 펼쳤다. 12월 14일 밤은 달이 밝았다. 군인들은 향사 앞으로 사람들을 모두 모았다.

"18살에서 40살까지 남자들은 옆으로 서시오."

영문도 모른 채 줄을 선 젊은 남자들은 그길로 표선 한모살에서 처형당했다.

여자들에겐 달을 보라고 했다. 군인들은 달을 보는 여인들을 두 줄로 나눴다. 어디론가 끌려간 그녀들은 대부분 돌아오지 못했다. 살아 돌아온 여자들은 수치심에 입을 다물고 살아야 했다.

이렇게 '수준 높은 작전'을 펼쳐 2연대 못지않은 훌륭한 업적을 낳고 싶은 욕망은 창조성을 낳았다. 일명 '자수 공작'이 그것이다.

"자수하면 살려주겠다. 이미 명단이 다 들어와 있다. 죄를 벗을 기회를 주겠다."

군인들은 마을마다 이렇게 말하고 다녔다.

제주의 청년들치고, 3·1절 집회와 왓샤 시위에 나가지 않은 사람이 얼마나 있으랴. 스스로 그랬든 산사람들의 강요에 못 이겨 그랬든 산에 쌀 한 톨 안 보내고 백지 날인 안 한 집이 얼마나 있으랴.

제주 사람들은 살길이 있다면 불구덩이라도 뛰어들 수밖에 없었다. 그들에게 자수하면 살려준다는 말은 얼마나 달콤했을까.

"겁먹지 마라. 명단이 있다는 건 순 거짓말이야. 있으면 벌써 잡아갔겠지. 뜸들일 사람들이 절대 아니잖아."

"하긴 그래."

고춘언과 친구들이 불안한 날을 보내던 어느 날, 마을의 이 씨가 공포를 이기지 못하고 모슬포 군 주둔지로 걸어가 자수했다. 그러나 자유의 대가는 너무나 가혹했다.

"자수한다니 약속대로 살려주지. 대신 진짜인지 증명해야 해. 너랑 같이 시위하고 산사람을 도운 사람의 이름을 대도록 해."

혹독한 고문이 이어졌다.

'차라리 친구들의 이름을 몰랐으면 좋으련만.'

사람들은 '이름을 빼앗기지 말'고 했다. 이름을 빼앗긴 사람들이 다시 끌려가 고문을 당하거나 총살을 당할 것이기 때문이다. 그러나 군인들은 만족할 만큼 이름을 빼앗은 뒤에야 고문을 끝냈다. 그 명단을 들고 사람들을 잡아가기 시작했다.

"아이고, 이제 모슬포 사람 다 죽게 생겼네."

모두들 낯빛이 허예졌다. 그때 민보단장이 마을 사람들을 불러모았다.

'무슨 일인가? 명단이 진짜 나온 건가?'

다들 입술이 바짝바짝 말랐다.

사람들이 북적거리는 광장으로 민보단장 김남원과 모슬포교회 목사 조남수가 나타났다.

"어차피 끌려간 사람들 입에서 명단이 나오면 끝장 아니오? 어서 자수합시다. 이미 경찰서장이 자수자들의 생명을 보장한다는 약속을 받아놨소. 우리만 믿으시오."

사람들은 경찰과 가까운 두 사람의 말을 믿어보기로 했다. 여기 저기서 손을 들고 나왔고, 그 무리에 고춘언도 끼어 있었다.

경찰서로 가는 길은 가시밭길을 걷는 느낌이었다. 살길인지 죽을 길인지 한 치 앞도 분간이 안 되었다. 다들 묵묵히 발끝만 보고 걸었다.

경찰서장은 오십 대의 중년으로 콧수염을 길렀고 키와 덩치가 컸다. 게다가 강렬한 이북 사투리까지 쓰는 목소리에 다들 기가 죽었다.

'서북청년단 사람인가? 아이고, 이제 우린 죽었구나.'

가슴을 뚫고 서늘한 기운이 지나갔다.

"모두들 어쩔 수 없이 폭도들에게 협조했다는 걸 알고 있소. 나도 제주에 와서 이 년 넘게 경찰 생활을 해서 죄가 있는 사람과 없는 사람의 차이 정도는 구분할 줄 아니 걱정 마시오."

경찰서장의 말에 다들 이게 무슨 말인가? 하고 눈이 휘둥그레졌다. 서청 출신 경찰들은 서장에게 항의했다.

"저 사람들은 산사람과 내통한 진짜 폭도들이란 말이오."

그러나 서장은 엄하게 꾸짖었다.

"산사람과 내통했다는 증거를 보이지 못한다면 당신이 처벌받을 각오로 처리하시오. 그럼."

서청 출신 경찰은 고개를 숙였다. 고춘언을 비롯해 마을 사람들 얼굴에 비로소 핏기가 돌기 시작했다.

자술서는 같은 마을 민보단 사람들이 받았다. 서로 무슨 일을 했는지 뻔히 아는 사이였지만 자술서에 큰 죄가 안 되는 것만 받아 적었다. 결국 100여 명의 사람들이 자유를 얻었다. 경찰서장의 이름은 문형순이었다. 문형순은 제주에 온 외지인 경찰관 간부 중 유일하게 독립군 출신이었다. 나머지는 일본군 출신이거나 일제 경찰 출신이었다.

1948년 12월 21일, 모슬포 반대편인 함덕에 주둔한 9연대는 육지로 가기 전 마지막 작전을 시작했다.

"자수하면 양민증을 준대. 그것만 있으면 경찰이나 군인들 손에 죽지는 않을 거야."

사람들은 너도나도 앞다퉈 함덕국민학교 운동장으로 갔다. 오후 5시쯤 군인들이 청년들을 차에 태웠다. 나눠주는 주먹밥을 먹느라 차를 탈 기회를 놓친 사람들은 멀어져가는 차를 바라보며 분해서 발을 동동 구르기도 했다.

자수자 150명이 도착한 곳은 박성내라는 냇가였다.

"곱게 죽어주면 가족에게 알려 시신이라도 찾게 해주겠다."

군인들은 청년들의 주머니를 털어 돈과 귀중품을 챙겼다. 모두들 운명을 예감한 듯 고개를 숙인 채 아무 말도 하지 않았다. 살려달라는 말, 그 말이라도 할 수 있다면 그곳은 천국이리라.

잠시 뒤 냇가의 바위 위까지 끌려간 청년들은 묶인 그대로 열 명씩 세워졌다. 총구가 불을 뿜었고 냇가로 떨어진 시체들이 차곡차곡 쌓여갔다. 시체 위로 눈이 내렸다.

총살 직전 기적적으로 도망친 몇몇 사람이 사실을 알려 가족들이 시신을 수습할 수 있었다. 그러나 많은 집안에서 대가 끊겼다.

9연대는 이곳에서의 '수준 높은 작전'을 끝으로 뭍으로 떠났다. 그날 육군참모총장은 미군 고문관 로버츠의 권고에 따라 송요찬 연대장에게 훈장을 수여하겠다고 발표했다.

이승만 정부는 1948년 12월 31일을 기해 제주에서의 계엄령을 해제했다. 그리고 함병선 연대장이 이끄는 2연대가 9연대와 교대하여 제주에 짐을 풀었다.

사람들
가슴에
조준점이 있다

그해 겨울은 유달리 추웠다. 마을 앞 숲에 숨어 있던 소년 김명원은 보름 전 아이를 낳은 어머니와 동생들을 바라보며 의귀리의 숲은 한겨울에도 따스한 기운이 남아 있어서 다행이라 여겼다.

1949년으로 넘어갈 무렵 남원면 의귀리 의귀국민학교 운동장에 9연대와 교대하여 설재련 중위가 이끄는 2연대의 한 부대가 새로 들어왔다.

9연대와 2연대가 교대하는 동안 빈틈을 노린 무장대가 곳곳에서 공격해왔다. 2연대 연대장 함병선은 화가 머리끝까지 났다. 제주 해안에 소련 선박이 나타났다며 호들갑을 떨면서 계엄령을 다시 발동해달라고 요청했다. 물론 소련은 제주도에 눈곱만큼도 관심이 없었다.

함병선의 분노는 그대로 토벌대에게 전달되었다. 겨울 제주 들판은 온통 여기저기 쫓기는 사람들로 넘쳐났다. 미리 토벌대가 오는 방향에 대한 정보를 얻은 사람들은 살았고, 그렇지 못한 사람은 토벌대와 맞닥뜨렸다. 제주 사람들 가슴에 저마다 조준점이 있기라도 한 듯 토벌대의 총구는 망설임이 없었다.

의귀리 숲으로도 포위망이 점점 좁혀져 김명원의 가족 앞에도 군인들이 나타났다. 군인들 눈에 불꽃이 이는가 싶더니 폭도 새끼라고 외치며 아버지를 끌어내 총살했다.

군인들은 울부짖는 나머지 가족을 학교 운동장으로 몰고 갔다.

"명원이, 너도 잡혀 왔어?"

미리 끌려와 웅크리고 앉은 사람들 틈에서 4학년 동급생인 일석이 개미만 한 소리로 말했다. 일석은 몰라보게 수척해 있었다.

"아버지는 군인들에게 당하셨어."

김명원은 울먹이며 말했다.

"남자 어른들은 보이는 대로 폭도로 몰아 다 죽여버리나 봐. 이러다 마을에 남자 어른이 하나도 안 남겠다."

두 소년은 불안한 눈빛을 나누었다.

건물에서는 비명 소리가 흘러나왔다. 마을 사람들은 차례로 불려가서 멍이 들도록 얻어맞고, 초죽음이 되면 운동장으로 버려졌다. 어디선가 총성이 울렸다. 사람들은 고개를 숙였다. 이제 누구도 살려달라고 말하는 사람이 없었다. 그냥 숙제 검사를 받다가 내 차례가 되었구나 싶은 심정인 듯했다. 그 차례가 김명원의 어머니에게도 찾아왔다.

"명원아, 동생들 잘 돌보아라."

어머니는 품에서 갓난아기를 맡기며 말했다. 아직 어린 동생들은 어머니의 치맛자락을 붙들고 울었다.

"곧 돌아오마. 형이랑 있어라."

어머니는 그렇게 동생들을 떼어놓고 나갔다. 어디선가 총성이 울렸고, 그것이 무슨 의미인지 김명원은 알았다. 이제 고아였다.

수많은 아이들이 그렇게 고아가 되었다. 집안이 몰살당한 곳도 많았다. 어미를 잃은 젖먹이들은 곧 어미 뒤를 따랐다. 남겨진 아이들은 친척집에서 눈칫밥을 먹거나 남의 집에서 품을 팔거나 고아원으로 보내졌다. 김명원의 일가족도 그래야 할 것이다. 김명원은 동생들을 지켜야 한다고 다짐했다. 눈물을 참기 위해 하늘을 오래 바라다보았다. 하늘님은 계신 것일까?

"아이고, 명원이 아니냐."

아버지와 잘 알고 지내던 면장이 김명원을 알아보았다. 군인들 먹을 것을 챙겨 온 참이었다. 자초지종을 들은 면장은 물을 실어온 차에 아는 사람들을 태워 데리고 나왔다. 김명원과 동생들은 운동

장을 빠져나왔다. 멀리서 김명원을 바라보는 일석의 까만 얼굴이 보였다.

'다시 만날 수 있을까?'

군인들은 밤만 되면 작전을 펼치러 나간다며 운동장을 비웠다. 하루 이틀이 지나고, 1949년 1월 12일 새벽 무장대 200여 명이 나타났다.

허술하게 경비를 세워둔 척했지만 사실은 함정이었다. 철저하게 대비하고 숨어 있던 군인들은 무장대를 맞아 두 시간이나 교전을 펼쳤다. 요란한 총소리가 멎고 난 뒤 무장대 시신이 학교 주변 여기저기 흩어져 있었다. 지휘봉을 잡은 후 단 한 번도 패배하지 않았다는 이덕구는 이날 첫 패배를 맛보았다. 거의 모든 무장대원이 나서서 의귀국민학교에 갇힌 사람들을 구하겠다고 했지만 병력을 반이나 잃었다. 무장대는 돌이킬 수 없는 치명상을 입었다.

"당신들이 폭도들에게 구해달라고 연락했지?"

흥분한 설 중위는 학교에 갇힌 의귀리 사람들을 전부 학살하고 마을을 완전히 불태웠다. 김명원은 일석을 다시 만날 수 없었다. 일석과 그 가족도 살아남지 못했기 때문이다.

마을 사람들의 시신은 수개월이 지난 후에 가족이 찾아갔다. 하지만 오랜 시간이 흐르면서 누가 누군지 알 수 없게 되었다. 30년 가까이 지난 1976년에 가족이 매장되어 있다고 확신한 유족들은 봉분을 쌓고 성묘를 시작했다. 이들은 서로를 친척으로 여겨 의로운 사람들을 기리는 비석인 '현의합장묘'를 세우고 안타까운 죽음을 애도했다.

의귀리 사람들은 자신들의 가족이 죽은 것이 무장대 때문이라고 생각했다. 그들이 의귀리로 습격하지만 않았어도 군인들이 죽일 리 없었을 거라고, 모든 것이 그들 탓이라고 생각했다. 무장대 시신은 의귀리 송령이골에 쓰레기처럼 버려졌다.

무덤도 없이 싸늘한 시선 속에 잊혀져가던 이들의 영혼은 2004년 5월 '생명평화 탁발순례'를 하던 도법 스님 일행이 당도하며 작은 위안을 얻었다. 일행은 벌초를 하고 안내판을 세운 다음 천도재를 올렸다. 송령이골에 잠든 영혼들은 이제 안식을 찾았을까? 그들을 산으로 내몰고 총을 들게 한 대한민국은 그들을 품어낼 만큼 성숙했을까?

의귀리 사건은 그해 겨울에 벌어진 잔인한 학살의 하나일 뿐이다. 군인들이 주둔한 곳은 어디든 학살터였다.

하얗게 눈이 내린 들판에는 오도 가도 못한 채 떠도는 사람들이 많았다. 마을은 불탔고 해안가로 내려오라는 달콤한 말을 믿을 수 없게 되었다. 언젠가 이 지옥이 끝나기를 숨어서 빌 수밖에 없는 사람들이 하나둘 제주 서쪽 중산간 마을인 애월면 어음리에 있는 빌레못굴로 모여들었다.

굴 입구는 사람 하나가 겨우 들어갈 만큼 좁은 데다 큰 바위로 가려져 있어서 아는 사람이 거의 없고 전설로만 떠돌고 있었다.

"강아지를 빌레못굴에 넣었더니 해변 마을로 나왔다."

납읍리 사람들은 이 전설 속의 굴을 찾아냈다. 일단 굴 안에 들어가면 넓은 곳이 나왔다. 겨울에도 따스한 공기가 머물러 있어서 숨어 지내기에 알맞았다. 그곳에서 사람들은 비로소 얼었던 몸과 마음을 녹였다. 이웃 마을 사람들도 찾아오면서 굴 안은 북적거렸다.

산속을 이 잡듯이 훑고 다니던 토벌대가 굴 입구에 당도한 것은 1949년 1월 16일이었다. 민보단원을 앞세운 토벌대가 굴 안으로 들어왔다.

"살려줄 테니 걱정 말고 나와라."

사람들은 체념하고 나왔다. 그러나 토벌대는 굴 입구에서 기다리다 사람들이 줄줄이 나오는 대로 학살을 시작했다. 곱상한 얼굴을 한 남자아이 둘이 나타나자 토벌대는 아이의 다리를 잡아 휘둘렀다. 아이는 바위에 머리를 부딪혀 처참하게 죽었다.

그 아이의 어미는 젖먹이 아이만이라도 살려보려고 굴속 더 깊은 곳으로 도망쳤다. 그러나 미로처럼 얽힌 굴 안에서 그만 길을 잃었다. 그리고 빌레못굴도 사람들에게 잊혀졌다.

1971년 탐사팀이 이 굴을 찾아냈다. 굴은 단일 용암 동굴로서는 세계 최장인 11,749미터로 공식적인 인정을 받았다. 탐사팀은 굴속에서 아기와 어미의 유골을 발견하여 유족에게 인도했다.

빌레못굴의 비극이 벌어진 다음 날인 1월 17일 아침. 2연대 3대대 일부 병력이 조천면 북촌리 북촌국민학교 서쪽 고갯길에서 무장대에게 습격당해 군인 두 명이 숨지는 사건이 벌어졌다. 상황이 상황인지라 마을은 발칵 뒤집혔고 의논 끝에 북촌리 원로들이 시신을 들것에 싣고 함덕에 있는 대대본부로 찾아갔다. 그러자 군인들은 경찰 가족 한 명을 빼고 그들을 전부 총살했다. 군인들은 북촌 마을을 불태우고 사람들을 전부 북촌국민학교 운동장에 모아놓았다.

운동장에 모인 북촌 사람들이 공포에 떨고 있을 때 급하게 그곳에 도착한 대대장은 참모 회의를 열었다. 어느 장교가 건의했다.

"우리 사병들은 적을 사살해본 경험이 없는 군인이 대부분입니다. 경험도 쌓을 겸 몇 명 단위로 데려가서 총살시키는 것이 좋을 듯합니다."

다른 부대와 달리 3대대는 서청 출신들로 만들어진 특별중대가 편입되어 있었다. 그들은 제대로 훈련도 받지 않고 군인이 되었다.

'이렇게 좋은 기회를 놓칠 수 없지.'

대대장은 고개를 끄덕였다.

이윽고 군인과 경찰 가족을 제외한 나머지 사람들이 운동장에서 너븐숭이로 끌려갔다. 군인들의 실전 훈련이 시작되었다. 제주 4·3 최대의 학살은 그렇게 시작되었다. 계엄령도 끝난 제주에서 일어난 일이었다. 이틀 동안 북촌리 사람 400여 명이 학살당했다.

그로부터 5년 뒤인 1954년 1월 한국전쟁에서 전사한 마을 청년의 장례식 날에 제주 전통 장례 의식인 꽃놀이가 북촌국민학교 운동장에서 열렸다. 장례식에 참석한 주민들은 묵념을 올리던 중 저도 모르게 설움에 복받쳐 '아이고, 아이고' 하며 곡소리를 크게 내고 말았다. 그러나 북촌리 사람들에겐 통곡도 눈물도 허용되지 않았다. 마을 이장이 경찰서로 끌려가 반성문을 써야 했다.

무장대에게 죽은 군인과 경찰은 2계급 특진과 유족 연금이 지급되었다. 서청, 대청, 민보단 등 우익 단체 소속 희생자들도 국가유공자 대우를 해주었다. 그러나 토벌대의 손에 죽은 사람들은 빨갱이 취급을 받았고 그들을 위해서는 눈물조차 허락되지 않았다. 제주의 거친 바람 소리는 그들의 통곡 소리였을까.

55년이 지나서야 대한민국 정부는 국가의 잘못을 인정했다. 유족들은 이렇게 말했다.

"소리 내어 울 수 있는 사람들이 부러웠다."

살아남은 자의
슬픔

1948년 봄 박순석은 5·10 총선거를 반대해 산으로 향했다. 정치를 알 수 있는 나이도 아니고, 경험할 수도 없었지만 그래도 좌익이라고 하는 사람들의 말이 옳다고 느꼈다. 인간은 평등하고 차별 대우하면 안 된다, 잘났든 못났든 합쳐서 살아가자는 말이 좋았다. 해방된 조국은 그런 나라이길 바랐고 통일된 나라이길 바랐다.

산에는 선거를 반대하여 올라온 사람들이 많았고, 학교 선생님들도 아주 많았다. 당시 제주도에서는 공부를 많이 한 사람들이었다. 그런 사람들과 한편이 되었다는 생각에 어깨가 으쓱했다.

잠시면 끝날 줄 알았던 산속 생활은 여름을 지나 가을, 겨울로 접어들어도 끝날 줄 몰랐다. 더 많은 사람들이 산으로 왔다. 토벌대가 산을 포위하고 올라오기 시작했다. 많은 사람들이 도망치다 죽었다. 아기를 안은 채 죽은 여인도 있었다. 박순석은 그 시체를 밟고 도망치는 자신이 치욕스러웠다. 가을 단풍이 곱게 물들었지만 그것이 총 맞아 죽은 사람들의 핏빛 아우성으로 보였다. 사람들의 숫자는 점점 줄어들었다.

"이제 더 올라갈 곳도 없는데 어디로 가야 하나?"

한라산에서 겨울을 맞았다. 추위와 두려움 속에서 하루하루를 보냈다. 온몸이 동상에 걸려 감각이 없고 입술은 수도 없이 갈라져 피딱지가 앉았다. 그해 겨울은 눈이 많았다. 하지만 눈을 뚫고 마른 나뭇가지 위로 새순이 돋았다. 박순석은 새싹에서 희망을 보려고 애썼다.

1949년에 접어들자 트루먼 대통령이 한국에 대한 원조로 1억 5천만 달러, 당시로는 어마어마한 액수를 하원에 요청하며 대한민국이 순결한 반공 국가여야 한다는 조건을 달았다. 그 돈을 손에 넣을 생각에 이승만 대통령은 몸이 달았다. 더 많은 병력이 제주로 향했고, 유격전 전문 부대도 제주에 도착했다. 곳곳에서 민보단이 자의 반 타의 반으로 학살에 가담하기 시작했다. 주민들은 마을 주변으로 돌을 높이 올려 성담을 쌓았고, 그 위에서 보초를 섰다. 산으로 올라간 사람들은 완전히 고립되었다. 합동 토벌대가 산으로 몰려들었다.

토벌대가 토끼몰이 하듯 몰아치자 산속에 숨었던 사람들은 이리 뛰고 저리 뛰었다. 비행기 소리와 총소리, 비명 소리가 어지러웠다. 수많은 사람들이 체포되었고 박순석도 그중 한 사람이었다. 다행히 국회의원 재선거를 앞두고 토벌보다 선무를 강조하며 사태가 완화된 때였다. 박순석은 농업학교 수용소에 갇혔다가 풀려나왔다.

이승만 대통령이 제주에 내려와 자수를 권유했다. 제주도민들은 대통령을 열렬히 환호했다. 달리 무슨 선택을 할 수 있었을까. 중산간 지역에 숨어 있던 사람들은 비로소 하얀 천을 나무에 매달고 내려왔다. 그러나 무조건 선처란 없었다. 수용소에서 군법 회의에 회부될지 석방증을 받게 될지 조사받았다.

산속에 숨어 있던 사람들이 자수해 오면서 군인들의 작전은 더 깊은 산속에서 펼쳐졌다. 마을에서 손쉽게 토벌하던 좋은 날도 끝났다. 군인들의 피해가 속출했다. 1948년 '수준 높은 작전'을 펼친 9연대 사망자의 열 배가 넘는 군인들이 1949년에 전사했다.

대부분의 사람들이 산에서 내려온 뒤 재선거가 실시되었다. 서북청년회를 만든 문봉제가 내려와 출마하기도 했다. 문봉제는 선거가 끝나자마자 다시 서울로 올라가 이승만 대통령의 총애를 받으며 승승장구했다. 제주도지구 전투사령부가 해체되고 악명 높은 서북청년단 출신 특별중대도 철수했다.

그러나 사태가 끝난 것은 아니었다. 무장대가 어딘가를 습격하자 그 보복으로 박순석이 다시 체포되어 치욕스런 고문을 당했다. 그리고 주정 공장에 수용되었다. 장마가 시작될 무렵, 양복 입은 사람이 나타나 이름을 일일이 부르며 너는 몇 년, 너는 몇 년 하고 형량을 불러줬다.

"박순석 삼 년!"

박순석은 양복쟁이에게 대들었다.

"이거 도대체 누가 하는 재판입니까? 제가 무슨 죄를 지었다는 겁니까? 삼 년이라니 도저히 받아들일 수가 없어요."

양복쟁이는 들은 척도 하지 않고 가버렸다.

수용소에 수용된 많은 사람들이 군법 회의에 넘겨졌다. 345명이 사형을 언도받았으며 1,314명이 유죄 판결을 받았다. 1948년 계엄령 아래에서는 무조건 총살했기 때문에 재판에 넘겨진 사람의 숫자는 고작 871명이었다.

1948년 계엄령 기간에 체포된 이들은 계엄법이 없었기 때문에 형법 제77조 위반 즉 내란죄로 처벌받았다. 1949년에 체포된 사람들은 국방경비법 제32조와 제33조 위반 즉, 적에 대한 구원 통신 연락과 간첩죄였다.

제주에는 형무소가 없어서 수형인들은 육지로 보내졌다. 배를 타고 제주를 떠나 목포에 도착한 날 배 안의 사람들은 살았다고 안도했다. 그러나 빨갱이 전과자 낙인이 찍혔고 비좁은 감옥에서 병

으로 죽어갔다. 형기를 정상적으로 마치고 고향에 돌아온 사람도 주민들의 차가운 시선과 연좌제에 고통받아야 했다.

박순석은 그래도 운이 좋았다. 한국전쟁 전에 풀려 나와 고향에 돌아왔고, 자신을 아끼는 남편을 만나 행복한 가정을 이뤘다. 그러나 평생 과거를 묻고 살아야 했다.

한국전쟁이 벌어지면서 육지 형무소에 수용된 수형인들의 삶은 나락으로 떨어졌다. 정부와 국군은 남쪽으로 내려가고 서울과 인천을 뺀 나머지 형무소 재소자들은 대부분 집단 총살되었다. 학살을 면한 두 형무소 사람들은 이번엔 북한군이 내려와 옥문을 열어주는 바람에 오도 가도 못하고 행방불명되었다. 제주로 돌아오지 못한 수형인은 2,500여 명이나 되었다.

1949년 6월 7일 관덕정에서 시신 한 구가 십자가에 매달려 전시되었다. 제주도 유격대를 이끌던 이덕구였다.

시신을 확인하기 위해 이덕구의 매형이 불려왔다. 매형은 함병선 2연대장에게 부탁했다.

"술 한 잔 올리도록 해주시오."

함병선은 일본 말로 말했다.

"무사는 다 똑같은 입장이다. 이 사람은 **빨치산**˚의 모든 죄를 짊어지고 죽었다."

적장의 시체에 모욕을 주려던 토벌대의 의도와는 달리 장두의

168

최후를 보러 온 제주 사람들은 모두 침울한 표정으로 예를 갖췄다. 여인들은 멀리서 명복을 빌며 남몰래 합장하기도 했다.

시신이 썩어가자 경찰은 화장했다. 가족들이 화장한 시신을 수습하러 가보았을 때는 전날 내린 비로 화장터에 물난리가 나서 바다로 쓸려 간 뒤였다.

"아이고, 너는 정말로 깨끗하게 가버렸구나."

이덕구의 매형은 꺼이꺼이 목 놓아 울었다.

이로써 무장대는 완전히 힘을 잃었고, 남은 사람들은 명분도 없고 질서도 없는 비적 떼로 전락해갔다.

– 제주작가회의, 〈돌아보면 그가 있었네〉의 내용을 토대로 재구성.

•급격한 변화의 시기에 권력이나 정치적 탄압에 맞서 소규모 부대로 무력 항쟁을 벌이는 정식 군인이 아닌 사람들

죽음의
예비검속

1950년 8월 20일 새벽 2시, 모슬포 절간고구마(얇게 썰어서 볕에 말린 고구마, 알코올의 원료) 창고 앞에 군용 트럭이 멈췄다.

"모두 타시오."

창고 안에 갇힌 사람들은 무슨 영문인지 몰랐지만 군인들의 말을 거역할 수 없어서 하나둘 트럭에 나눠 탔다. 사람들을 다 태운 트럭 한 대가 출발하자마자 구덩이에 빠졌다.

"내려서 정낭을 좀 빼 오시오."

초가집이 옹기종기 모여 있는 마을에는 집집마다 정낭이 있어서 대문을 대신했다. 그 밤 그들을 기다리는 운명이 무엇인지 알았다면 한 사람쯤 그대로 숨어버린다고 해도 군인들이 찾지 않았을 텐

데 사람들은 시키는 대로 정낭을 가져와서 바퀴를 빼내느라 땀을 뻘뻘 흘렸다.

구덩이를 빠져나온 트럭이 마을을 벗어나기 시작했다. 비로소 그들은 운명을 예감했다. 누군가 고무신을 차 밖으로 던졌다. 그러자 다른 사람도 옷을 벗어 던졌다. 가족들이 자신의 시신이라도 찾길 바라는 마음이었다.

소년 이경익과 친구는 새벽 작살 낚시를 하러 바다로 가다가 마을 노인을 만났다. 노인은 새벽잠이 없어서 일찍 소를 먹이러 나온 길이었다. 그는 손을 홰홰 내저으며 소년들을 불렀다.

"트럭에 사람들을 싣고 저쪽으로 갔어."

노인이 가리키는 섯알오름 쪽으로 고무신과 옷가지가 길거리에 떨어져 있었다. 이경익은 친구를 마을로 돌려보내 사람들을 불러오라고 한 뒤 혼자 섯알오름으로 뛰었다.

섯알오름 지하에는 일제 시절 만들어진 화약 창고가 있었다. 해방 후 미군은 그곳을 폭파했고, 커다란 구덩이 두 개가 생겼다. 한림에서 온 사람 61명은 예정대로 트럭에 실려 와 새벽 2시에 총살당해 작은 구덩이에 버려졌다. 모슬포 쪽 사람들 132명은 트럭 바퀴가 빠지는 바람에 새벽 5시에 도착해서 총살당했다. 그리고 다른 구덩이에 버려졌다.

이경익의 친구가 마을로 가서 알리자 수백 명의 사람들이 몰려

들어 시신이라도 수습하려고 했지만 그것마저 허락되지 않았다. 군인들이 곧 나타나 모두를 내쫓았다.

"여긴 군사 구역이오. 아무도 못 들어갑니다. 더 접근하면 발포하겠소."

마을 사람들은 눈물을 삼키며 화약 냄새가 남아 있는 그곳에서 발길을 돌려야 했다.

그들 193명을 죽음으로 내몬 것은 이른바 예비검속이었다.

1950년 6월 25일 북한의 공격으로 한국전쟁이 시작되었다. 처음부터 속수무책으로 전선이 밀리자 이승만 대통령은 남한에 있는 좌익들, 혹은 과거에 경찰과 정부에 당한 사람들이 북한군과 합세하거나 뒤를 칠까 두려웠다. 이승만은 6월 29일 군 정보기관인 육군특무대(CIC)를 통해 보도연맹원들과 좌익 전력이 있는 사람들에 대한 예비검속을 지시한다. 예비검속이란 범죄 예방을 목적으로 범죄를 일으킬 가능성이 있는 사람들을 사전에 구금시켜 격리하는 것이다.

군은 제주도 각 경찰서에 A, B, C, D 네 등급으로 분류한 명단 작성을 지시했다. 경찰관들은 자신과 사이가 나빴던 사람, 빚을 갚기 싫은 사람의 이름을 올리거나 맘에 드는 여자를 뺏기 위해 그 남편을 명단에 올렸다. 4·3의 광풍 속에서 똑똑하다는 사람들은 이미 거의 사라졌지만 남아 있던 지식인, 교사, 공무원, 마을에서 존경받는 사람들이 마지막 그물에 걸렸다. 군인이야 떠나면 그만이지만 경찰은 대부분 제주도에 살아야 할 터였다. 그들 입장에서 마을의 지도자가 될 만한 사람이 살아남는다는 것은 부담스러웠으리라.

전선이 밀릴 때마다 이승만은 예비검속자에 대한 총살을 지시했고, 적어도 남한에서 20만 명 이상이 소리 소문 없이 처형당했다. 전선이 부산까지 밀리자 그는 제주도를 최후의 보루로 삼고 시간을 벌 생각이었다. 그래서 8월 20일에 제주도 네 개 경찰서로 극비 문서를 보냈다.

'극비 문건-경찰 문건 1799호
예비검속자 중 C, D등급을 총살하고 9월 6일까지 CIC에 보고하라.'

명령은 신속하게 전달되었고, 처형은 은밀하게 이뤄졌다. 제주 경찰서와 서귀포경찰서에서 넘어간 명단을 받은 해병대 군인들은 신분을 알아볼 수 없게 예비검속자를 발가벗긴 후 밤을 틈타 먼 바다에서 수장했다.

제주경찰서에 구금된 예비검속자 일부에 대한 처형은 정뜨르 비행장(지금의 제주공항)에서 있었다. 여명이 비칠 때 시작된 총소리가 도두봉으로 해가 넘어갈 무렵에야 그쳤다. 그곳은 군사보호구역이라 그곳에서 누가 죽고, 매장당했는지 알 수 없었다. 58년이 지난 후 이곳에 대한 발굴이 시작되었고 소문으로만 떠돌던 유해가 나왔다. 유족은 어서 발굴이 진행되어 뼈 한 조각이라도 찾아 애도할 수 있길 간절하게 기다리고 있다.

모슬포 절간고구마 창고 앞 웅덩이에 트럭 바퀴가 빠지지 않았더라면 그들 또한 쥐도 새도 모르게 죽을 운명이었다. 섯알오름의 비극은 시간과 장소 그리고 누가 그곳에서 죽었는지까지 분명하게 알려진 유일한 예비검속자 학살 사건이다.

섯알오름은 군사보호구역이라 아무도 접근하지 못한 채 시간이 흘렀다. 1956년 마을에 광견병이 돌자 개들이 시체를 먹어서 그런 것이니 수습하게 해달라고 마을 사람들이 탄원서를 냈다. 이것이 받아들여져 마침내 수습을 허락받았다.

오랜 세월 내버려진 두 개의 웅덩이엔 물이 고여 있었다. 물을 퍼내보니 시신은 이미 뒤엉켜 누군지 알 수 없게 되어버렸다.

희생자들의 아버지들이 제안했다.

"조상은 132명이나 후손은 하나이니 백조일손이라 하자."

모두가 동의했고, 섯알오름 뒤쪽으로 백조일손 묘역을 마련해 위령탑을 세웠다. 한편 섯알오름의 다른 웅덩이에 있던 한림 쪽 희생자들은 모슬포 쪽보다 먼저 시신을 수습해 가서 만뱅듸에 묘역을 마련했다.

예비검속자들이 빨갱이 취급을 받으며 쥐도 새도 모르게 학살당할 때 그들의 형제나 자식들은 한국전쟁에 참가해서 북한군과 맞섰다. 예비검속자들에게 총구를 겨눴던 해병대는 신병을 모집하기 위해 학살을 멈췄다. 그들은 제주에서 3,000명의 신병을 모집해 올라가서 인천 상륙 작전을 성공시켰다.

예비검속자 가족들에게 비극은 그것이 끝이 아니었다. 연좌제라는 사슬에 묶인 채 긴 세월 동안 공무원이나 군인이 될 수 없고, 해외에 갈 수 없었다. 섯알오름에서 희생된 이현필의 아들 이도영도 그랬다.

이현필은 대정면사무소 서기였다. 그러나 영문도 모른 채 끌려가 섯알오름에서 처형당했다. 네 살 때 아버지를 여읜 이도영은 이후 유학을 가려 했으나 여권이 나오지 않았다. 겨우 유학길에 올랐으나 이번엔 아내에게 여권이 나오지 않았다. 그러는 동안 아내는 극심한 신경쇠약으로 세상을 떠났다.

이도영은 아버지의 한을 풀기 위해 예비검속에 대한 자료를 모으기 시작했다. 대한민국에서는 단 하나의 자료도 찾을 수 없었다. 이승만 정부와 뒤이은 군사 정부가 자료를 철저하게 숨겼기 때문이다. 이도영은 미국 국무부 자료에서 예비검속에 대한 증거들을 찾았다.

1999년 크리스마스에 마침내 첫 자료를 손에 얻었다. 이도영은 사건과 관련된 사람들을 찾아가 인터뷰를 시도했다. 그런 끈질긴 노력 끝에 〈죽음의 예비검속: 양민 학살 진상조사 보고서〉를 2000년에 발표했다. 문명국가에서는 도저히 있을 수 없는 '짓지도 않은 죄에 대한 처형'이 마침내 세상에 드러났다.

이도영은 놀라운 사실을 하나 더 밝혔다. 제주도 네 곳의 경찰서에 내려온 예비검속자 처형에 대한 극비 문서에 단 한 곳의 경찰서장이 반기를 들었다는 것이다.

"부당하므로 이행하지 않는다."

붉게 쓰인 글씨의 주인은 바로 성산포경찰서장 문형순이었다. 구좌, 성산, 표선 사람들 수백 명은 문형순 덕분에 목숨을 건졌다. 문형순 서장은 이미 모슬포에서도 자수자들에 대한 관대한 처분으로 많은 사람들을 살렸다.

모슬포 사람들은 마을 사람들을 살린 데 대한 보답으로 문형순 공덕비를 세웠다. 경찰이라면 치를 떠는 제주인들 스스로 공덕비를 세워준 유일한 경찰관이다. 2018년 경찰은 국민의 인권과 생명을 수호한 문형순 서장을 올해의 경찰 영웅으로 선정하고 추모 흉상을 제작해 업적을 기렸다. 그러나 국가에서는 문형순을 아직 국가유공자로 인정하지 않고 있다.

국민보도연맹 학살과 예비검속

이승만 정부는 국가보안법을 만들어 남한 내 좌익을 뿌리 뽑고 좌익 세력을 전향시켜 철저한 반공주의자로 만드는 것을 목표로 1949년 6월 5일에 국민보도연맹을 만들었다. 보도연맹 가입과 관리는 지역 할당제였기 때문에 담당 경찰은 실적을 올리는 데 급급했다. 좌익 관련 집회에 구경 간 사람이나 개인적인 원한이 있는 사람을 명단에 올렸고, 밀가루를 주겠다는 말에 가입한 사람도 있었다. 연말에는 전국적으로 30만 명을 돌파했다.

국민보도연맹의 뿌리는 일제강점기 '대화숙'으로 거슬러 올라간다. 대화숙은 1936년부터 시행된 조선사상범 보호관찰령에 따라 만들어진 합숙 단체이다. 불온한 조선인을 합숙시키며 충성스런 일본 제국주의의 신봉자로 만드는 것을 목표로 한 것이다.

제2차 세계대전을 앞두고 일제는 조선사상범 예비구금령 즉 예비검속법을 제정하여 사상범을 예방구금소나 감옥에 가둘 수 있도록 했다. 패망이 가까워지면서 일제는 대화숙 등에 예비검속된 반일 사상범을 후방으로 옮기고 적당한 방법으로 처리, 즉 학살하려고 계획했다. 그러나 원자 폭탄이 투하되면서 그 계획은 실행에 옮길 시간이 없었다. 해방 후 미군정은 즉각 예비검속법을 폐지했다. 그러나 제주도에서는 미군정 시절 예비검속이 계속되고 있었다.

한국전쟁이 벌어지자 '전국 요시찰인 단속 및 전국 형무소 경비의 건'이 각 지역 경찰국으로 내려갔다. 이에 따라 전국에서 보도연맹 가입자 및 기타 불순분자로 분류된 사람들이 예비검속자로 구금되었다. 비상계엄령 선포로 이들에 대한 처리 권한은 군에 있었고 군은 이들을 처리 즉 학살하였다. 형무소에서도 비밀리에 처형이 이뤄졌다.

이승만 정부는 이 모든 사건을 철저히 비밀에 부쳤다. 예비검속이 불법이라는 사실, 설령 합법이라 해도 국가 범죄란 걸 이승만 정부는 알고 있었다. 1952년 국무회의에서 이승만은 예비검속 은폐를 지시했고, 4·19 혁명 이후 터져 나온 예비검속에 의한 민간인 학살 진상조사 요구는 5·16 군사 쿠데타로 막혔다. 군사 정부는 철저하게 기록을 숨기고 말만 꺼내도 빨갱이로 몰아 육군본부 정보국으로 잡아갔다. 예비검속자 처형 당시 육군본부 정보국 핵심 인물은 장도영, 박정희, 김종필이었다. 따라서 기나긴 군사 독재 정부가 이어지는 동안 한국에서는 어떠한 자료도 볼 수 없고 그 어떠한 진실도 찾을 수 없었다.

이도영의 끈질긴 추궁에도 불구하고 장도영과 김종필은 이승만 대통령의 오른팔 김창룡이 민간인 학살을 주도했다며 책임을 미뤘다. 김창룡은 당시 육군특무대(CIC) 방첩 활동의 공로를 인정받아 대전 국립묘지에 안장됐다.

아직까지도 학살 책임자가 누구인지 밝혀지지 않았다. 자료가 폐기 혹은 은폐되었기 때문이다. 이승만 대통령이 직접 관련되었다는 증거도 나오지 않았다. 시신 발굴은 이제 시작 단계일 뿐이다.

2009년 11월 진실·화해를 위한 과거사 정리 위원회를 통해 정부는 국가 기관에 의한 민간인 희생이 있었음을 확인함으로써 보도연맹(예비검속자) 학살 사건을 공식 인정했다. 이것은 대한민국 정부가 풀어야 할 숙제이며 현재 진행형인 사건이기도 하다.

살당보민
살아진다

1949년 1월 13일 무장대가 한림면 판포리를 덮쳤다. 식량을 구하기 위해 내려온 무장대는 경찰이 출동하자 곧 도망쳤다. 밝은 보름달 아래 이리저리 뛰는 사람들이 뒤엉킨 가운데 경찰은 돌담 사이에 숨은 사람을 무장대인 줄 알고 총을 쏘았다. 푹 쓰러진 사람은 진아영이라는 젊은 여성이었다.

진아영은 목숨을 건졌지만 아래턱을 잃었다. 그로 인해 평생 음식을 씹을 수 없었다. 잃어버린 아래턱을 감추기 위해 무명천을 두르고 다녔기 때문에 사람들은 그녀를 무명천 할머니라 불렀다.

할머니는 월령리에서 밭일을 돕고 바다에서 해초도 캐며 평생을 남에게 의지하지 않고 살아냈다. 그런 그녀의 모습은 4·3을 극복

해가는 제주의 모습과 닮은 듯했다. 상처를 안고 묵묵히 살아가는 제주 사람들은 이렇게 말한다.

"살당보민 살아진다(살다보면 살아가게 된다)."

월령리는 선인장 자생지로도 유명하다. 선인장은 가장 척박한 바닷가 땅에 떨어져 살아남았다. 그곳에 뿌리를 내려 강인한 가시로 자신을 보호하지만 속살은 촉촉하고 부드러우며 아름다운 꽃을 피우는 약초이기도 하다. 사람들은 선인장 마을에서 무명천 할머니가 살던 터전을 보고 깊은 감명을 받았다. 90세를 일기로 세상을 뜬 후 그녀가 살았던 곳은 '무명천 할머니 삶터'로 보존되고 있다.

1954년 9월 21일 제주도 경찰국장은 한라산을 전면 개방하고 주민들이 성담을 경비하던 일도 없앴다. 이로써 기나긴 제주 4·3도 끝났다. 마지막 무장대원인 오원권이 1957년 4월 2일에 생포됨으로써 한라산에서 총성도 완전히 멈추었다.

제주 4·3 사건 희생자 수는 대략 25,000~30,000명으로 여겨지고 있다. 그러나 집안이 전부 희생당했거나 희생 사실을 숨기기도 해서 정확한 통계를 내지 못하고 있다. 희생자 중 78.1%가 토벌대에 당한 것이고 무장대에 당한 사람은 12.6%이다. 국가 공권력이 수많은 주민의 목숨을 앗아간 것이나 마찬가지다. 무장대라고 볼 수 없는 10세 이하의 어린이와 61세 이상 희생자도 각각 5.8%와

6.1%나 되었다. 토벌대의 총구는 남녀노소를 가리지 않고 불을 뿜었다.

　제주 4·3 기간 동안 전사한 군인의 숫자는 180명 내외, 경찰 전사자는 140명으로 파악되고 있다. 보훈처에 등록된 제주 4·3 사건 관련 민간인 국가유공자는 639명이다.

　7년 7개월간의 제주 4·3은 끝났으나 정보기관은 제주 사람 대략 5만 명을 특별 관리했다. 그들에겐 4·3이 여전히 진행 중이었다. 자식이 연좌제의 덫에 걸려 꿈이 꺾이는 모습을 보는 것은 또 다른 지옥이었다. 심지어 우익 인사들도 군인이나 경찰을 잘 접대하지 못한 죄로 처형당했고 그 가족은 연좌제에 걸렸다. 연좌제는 1980년에 폐지되었지만 제주도 사람들은 1990년대까지도 고통받았다.

　공부를 많이 하거나 능력이 있는 사람이 많은 마을은 더 큰 피해를 입었다. 그들은 항일운동가나 공무원, 교사이거나 지식인으로서 앞장서 인민위원회나 민청 활동, 3·10 총파업에 참가했다. 마을 사람들의 신뢰를 받는 그들을 중심으로 청년들은 뭉쳤다. 반면에 좌익 청년 단체 활동을 하지 않는 이들은 따돌림을 받기도 했다.

　항일운동가들의 헌신도 전부 잊혀졌다. 독립유공자로 인정받은 사람은 4·3 이전에 사망하거나 해외로 도피한 사람들뿐이다. 제주에 남은 사람들은 산으로 도피하거나 무장대가 되었다가 살해당하여 영원히 산폭도라는 불명예를 얻었다.

그들이 미군정에 고분고분하고, 3·1절에 제주도민이 죽은 것을 외면하고, 경찰의 횡포에 눈감고, 통일 정부보다 단독 정부가 현실적이란 것을 받아들였다면 제주도는 온전했을지도 모른다. 그래서 제주 사람들은 그 후 자식들에게 이렇게 말했다.

"나서지 말라."

그것이 가족과 마을을 지키는 길로 믿게 되었다.

제주 사람들은 자신이 빨갱이가 아니란 걸 증명하기 위해 필사적이었다. 보도연맹에 들어갔고 군대에도 들어갔다. 한국전쟁이 벌어지자 열심히 싸웠고, 많은 사람들이 훈장을 받고 전쟁 영웅이 되었다.

잔인한 시절이 끝나고 평화가 찾아오자 군인도 응원 경찰도 떠났다. 남겨진 제주 사람들은 그 시절을 그 누구 탓도 아닌 '시국' 탓이라고 했다. 가족과 마을을 풍비박산 낸 밀고자와 경찰에 대한 복수를 꿈꾼 많은 사람들은 이렇게 말했다.

"그들은 저승에서도 편치 못했습니다."

"그를 비롯해 그의 형제들 모두 요절했습니다. 당시 험한 짓을 한 사람치고 잘된 사람을 못 봤습니다. 하늘에서 다 내려다보는 거지요."

이승만에서 박정희로, 전두환으로 대통령이 바뀌는 동안에도 제주 사람들의 비극은 끝나지 않은 채 긴 침묵을 강요당했다. 그리고 마침내 침묵을 깨고 1978년 현기영 소설가가 〈순이삼촌〉을 통해 4·3의 진상과 남은 자의 상처를 그렸다. 하지만 작가는 정보기관에 끌려가 고문받아야 했다. 그때까지도 4·3은 소설의 소재로도 삼을 수 없는 절대 금기어였다.

무장대로 죽어 무덤도 만들 수 없고 제사도 지내주지 못하는 사람들, 시신을 찾지 못해 장례를 치러주지 못하는 사람들, 집안이 멸족해버린 사람들, 억울한 죽음들……. 사람들은 원혼의 넋을 위로하고 한을 풀어주기 위해 심방(무당을 가리키는 제주말)을 불러 굿을 했다. 심방은 사설을 통해 죽은 자의 고통과 원통함을 풀어냈고, 산자들은 진심으로 그들이 마음을 풀고 영면하길 빌었다. 우는 것만으로도 국가 공권력에 대한 반항이 되었던 시절 굿은 유일하게 망자와 산자를 위로하였다.

1987년 민주화운동이 시작되면서 제주 4·3에 대해서도 얘기할 수 있게 되었다. 마침내 2000년 1월 '제주 4·3 사건 진상규명과 희생자 명예회복에 관한 특별법(제주 4·3 사건 특별법)'이 공포되었다. 이에 따라 '제주 4·3 사건 진상규명 및 희생자 명예회복 위원회'가 설치되어 정부 차원의 진상조사를 실시하였다. 제주 4·3평화재단이 설립되었으며, 제주 4·3평화공원이 조성되었다.

2003년 10월 15일 제주 4·3 사건 진상을 담은 대한민국 정부의 공식 보고서가 확정됐다. 노무현 대통령은 제주도를 방문하여 진상 보고서에 근거해 과거 국가 권력의 잘못을 공식 사과했다. '국가 공권력에 의한 대규모 민간인 희생' 사실을 정부가 인정한 것이다. 이로써 제주 사람들은 마음껏 통곡하고, 추모하고, 위령할 수 있게 되었다.

70년이 지난 후 소녀에서 노인이 된 박순석은 생존 수형인 17명과 함께 국가를 상대로 재심을 청구했다. 법원은 1948년 가을부터 1949년 가을까지 불법 구금, 고문 등을 통해 유죄 판결을 받은 이들의 재심을 인정했다. 그리고 2019년 1월 재심 재판부는 무죄 취지의 공소 기각 판결을 내렸다. 무죄 판결을 받은 이들은 '우리는 이제 죄 없는 사람이다'라고 적힌 현수막을 들었다. 이미 많은 이들이 세상을 떠나고 남은 사람들은 구십 대 노인이 되었지만 70년간 하고 싶었던 말은 그것이었다.

국방부는 2019년 '제주4·3특별법의 정신을 존중하며 진압 과정에서 제주도민이 희생된 것에 대해 깊은 유감과 애도를 표한다'고 공식 입장을 밝혔다.

제주 여성운동의 역사

제주 여성은 그 어떤 지역보다 일부다처제에 시달렸고, 남녀차별을 많이 받았다. 일제강점기가 되면서 그렇지 않아도 가난한 제주도민의 삶은 더 팍팍해졌다. 가족의 위기는 여성에게 더 치명적이었다.

해방 직후 제주도를 취재한 어느 기자는 이렇게 말했다.

"전도를 일주하면서 눈에 띄는 것은 일을 하고 있는 대부분이 여성이라는 것이다. 우마차를 끄는 이도 여성이며 농사를 짓는 이도 여성이고 시장에서 물품을 매매하는 이도 태반이 여성이다. 그 외에 어떠한 여성이고 길을 거닐며 등에 짐을 지지 않은 여성이 없으며……."

제주 여성은 운명을 바꾸기 위해서 자신을 짓누르는 이중삼중의 억압에 맞서야 했다. 그래서 제주 여성은 독립운동을 여성해방운동으로 여겼고 그 어느 곳보다 여성의 활약이 두드러졌다.

제주 사람들은 똑똑하고 야무진 사람을 보면 '요망지다'라고 하는데 요망진 세 친구가 가장 먼저 여성에게 지워진 굴레에 굴하지 않고 독립운동에 헌신하며 인생을 개척해나갔다. 서울로 유학 간 첫 번째 제주 여학생이던 강평국, 고수선, 최정숙이 그 주인공이다. 이들은 3·1 만세 운동에 앞장섰고 그로 인해 옥고를 치르거나 고문을 당해 장애를 얻기도 했지만 꿋꿋하게 민족 독립을 위해 애썼다. 그리고 이들은 제주로 돌아와 여성의 문맹 퇴치와 인권 향상을 위해 여수원을 만들고 제주여자청년회를 만들어 활동했다. 최정숙은 제주도 최초의 교육감이 되어 제주도 여성 교육에 큰 업적을 남겼다. 고수선은 보육원을 설립하여 4·3 사건과 한국전쟁으로 부모를 잃은 아이들의 어머니가 되었다. 아쉽게도 강평국은 이른 나이에 세상을 떠나 독립된 나라를 볼 수 없었다.

김시숙은 마흔이 넘은 나이에 뒤늦게 공부를 시작하면서 여성의 운명을 바꿀 방법이 무엇인지 깨달았다. 그녀는 강평국, 고수선, 최정숙과 함께 제주여자청년회를 만들었고, 조천에서 부녀회를 만들어 여성의 지위 향상을 위해 노력했다. 또 조천에서 부녀자를 위한 야학을 열었다. 당시에는 야학을 여는 것만으로도 일제 경찰의 탄압을 받았다. 그래서 김시숙은 일본으로 건너갈 수밖에 없었다. 그녀는 그곳에서 제주 출신 여성 노동자들의 비참한 현실을 보았다. 그래서 여공보호회를 만들고 여성 노동자들의 지위 향상과 생존권을 보호하기 위해 여공노동소비조합을 만들었다. 그러나 그녀는 뜻을 다 펼치기도 전에 병을 얻어 쓸쓸하게 생을 마감했다. 그때 놀라운 일이 벌어졌다. 오사카의 여성 노동자들이 그녀를 위한 장례위원회를 만들어 손수 제주까지 운구하였다. 그녀를 존경했던 고향의 후배이자 독립운동가인 고순흠이 그녀를 위한 비문을 직접 지어 불꽃같이 시대에 맞섰던 그녀를 기렸다.

조천은 가장 열렬하게 여성해방운동이 일어난 곳이다. 제주에서 거의 유일하게 3·1 만세 운동이 일어난 곳이기 때문이다. 조천의 독립운동가들은 독립을 위해 여성도 배워야 한다는 것을 깨달았고 딸들이 공부할 수 있도록 배려했다. 그 딸들은 열혈 여성운동가로 변신했다. 김이환, 김옥희 등이 그들이다.

해방 후 김이환은 제주여성동맹의 위원장으로 활동했고 김옥희는 조천부녀회장으로서 독립 조국 건설에 앞장서다 비참한 최후를 맞이했다. 제주 4·3 사건 이후 무장대가 조천을 공격하자 보복으로 조천여성동맹위원장인 김옥희의 목을 잘라서 시내를 돌아다니며 본보기를 보였다.

"폭도년의 얼굴, 잘 보시오."

4·3 봉기가 일어나자 많은 제주 여성은 무장대를 지원하는 일에 나섰다. 그녀들은 독립된 국가의 건설이 여성 해방이라고 믿었고 식량과 약품, 돈을 모아 무장대에게 전달하

는 일을 맡았다.

제주 여성의 독립운동은 그 어느 곳 못지않게 뜨거웠다. 그녀들은 여성의 운명에 맞서 누구보다 헌신적으로 싸웠지만 독립유공자로 인정받은 경우는 2019년 말까지 고작 11명뿐이다. 제주 전체 독립유공자 수 189명의 5.8%에 불과하다. 일제 경찰은 여성들이 스스로 판단 능력이 없다고 여겨서 체포해도 재판에 넘기지 않았다. 또한 제주 4·3 사건의 과정에서 살해당하거나 실종되어 활동을 증명하기 어렵기도 했다.

의인들

대학살의 현장에서도 사람들을 살리려고 애쓴 의인들이 있었다.

많은 경찰이 피의 복수에 나서거나 육지 경찰에 밀려 아무 소리를 못했지만 표선지서 순경 강계봉은 표선국민학교에 집단 수용된 중산간 마을 사람들에게 식량을 가져다주고 고아들을 돌보기도 했다. 남원면 신흥리 마을 사람들은 장경순 경사가 전전긍긍하는 사람들에게 과거를 일체 불문에 붙인다고 말함으로써 더 이상 불안에 떨지 않을 수 있었다고 고마워한다. 같은 마을 구장인 김성홍은 토벌대가 주민들의 성향을 묻자 '모르쿠다(모릅니다)'만 연발해서 '몰라구장'이라는 영예로운 별명을 얻었다.

구좌면 행원리 민보단장 박의식은 '입산자 가족과 폭도 지원자 명단을 대라'고 윽박지르는 서청 출신 군인들의 협박에 버티다 총살당했다. 조천면 와산리 송정봉 여인은 굴속에 숨어 있다 걸렸지만 다른 사람들이 숨어 있는 곳을 끝내 알려주지 않아 결국 총살당했다. 많은 곳에서 그렇게 버티다 죽거나 장애를 얻은 의인들 덕분에 마을 사람들이 목숨을 구했다.

남원면 신례 2구는 자그마한 해변 마을이었다. 이곳으로 신례 1구 사람들이 몰려오니 좁아터질 지경이었다. 그러나 신례 2구 주민들은 불편을 마다 않고 소개민들을 따뜻하게 대했다. 대부분의 해안 마을 사람들은 소개되어 온 중산간 마을 사람들을 차갑게 대했다.

서청 출신 중에도 의인이 있었다. 악명 높은 외도지서에는 살상을 거부한 방 경사 같은 사람도 있었다. 성산에서는 고기를 잡으려고 다이너마이트를 보관한 사람이 붙잡히면서 마을 민보단장을 비롯해 줄줄이 잡혀갔다. 그때 서청 출신 고희준은 군인으로부터 마을 사람들을 구해냈다. 한림에는 존경의 표시로 서북하르방이라고 불린 젊은 서청 출신 경찰도 있었다. 다른 서청 출신들보다 덜 무자비하고 뇌물을 건네 사람을 살릴 수 있는 창구 역할을 해주었다는 것만으로도 하르방이라고 불리며 존경을 받았다.

신촌리에 무장대가 나타나 식량을 약탈하고 돌아가자 군인들이 학살하기 위해 나타났다. 그때 얼굴과 목에 기미가 많아 '지미둥'이라고 불리던 이북 출신 순경이 군인들 앞을 막아섰다.

"우리 총 든 순경들도 무서워서리 폭도들에게 대항을 못했는디 집에서 잠자는 주민들이 어케 폭도들과 대항할 수 있갔습네까? 우선 나부터 죽여놓고 이 사람들 죽이라요!"

결국 군인들은 총구를 내렸고 신촌과 주변 북촌리 사람들까지 대학살을 면했다. 그러나 북촌리 사람들의 운은 거기까지였다.

김병석의 어머니는 경찰을 아들로 두었다는 이유로 무장대에게 희생되었다. 그러자 경찰에서는 다른 형제들에게 경찰이 될 것을 권했고, 김병석도 경찰에 특별 채용되었다. 김병석의 아버지는 경찰이 된 사 형제에게 단단히 일렀다.

"너희가 복수하면 그들의 자녀들이 또 너희에게 복수할 것이니 악연을 끊을 수 없다. 여기에서 멈추어라."

김병석과 형제들은 복수가 판을 치는 제주 4·3 사건의 한복판을 지나면서도 많은 억울한 죽음을 막아낼 수 있었다. 북촌리 너븐숭이에서 끝도 없이 이어지던 총소리가 멈춘 것은 김병석이 대대장을 설득했기 때문이다.

70년 만의 무죄 판결

제주 4·3 사건 생존 수형인들은 그날의 재판이 잘못되었으니 다시 판단을 받고 싶다는 재심을 청구했다.

제헌헌법 제9조와 당시 형사소송법은 '국민의 신체의 자유를 제한하기 위해 체포, 구금하려면 반드시 영장이 있어야 하며, 영장이 발부된 경우라도 구속 기간이 40일을 초과할 수 없다(영장주의)'고 규정되어 있다. 재판부는 계엄령이나 국방경비법도 헌법이 정한 영장주의를 뛰어넘을 수는 없다고 판결했다. 따라서 당시 법원이 발부한 영장 없이 불법적으로 체포, 구금하여 군법 회의에 넘겼으므로 재심을 인정했다.

이어 열린 재심에서 재판부는 2019년 1월 무죄 취지의 공소 기각 판결을 내렸다. 법원은 당시 수형인들이 군법 회의에 회부되는 동안 국방경비법 제65조가 정한 예심조사 및 제66조가 정한 '기소장 등본의 송달'을 통한 기소 사실의 통고 즉 무슨 죄로 재판을 받을 것인지를 결정하고 이 사실을 본인에게 전달할 의무가 이행되지 않았다고 인정했다. 재심 검사도 수형인들의 범죄의 일시·장소·방법을 명시하여 공소 사실을 특정하지 못했다. 따라서 "피고인들에 대한 공소는 '공소 제기의 절차가 법률의 규정에 위반하여 무효인 때'에 해당하므로, 형사소송법 제327조 제2호에 의하여 공소를 모두 기각한다"라고 판결했다.

결국 4·3 당시 희생자 대부분은 국가 기관의 불법적인 행위의 희생자였던 것이다.

사진으로 보는 제주 4·3

제2차 세계대전이 끝난 후 미군이 일본군의 무기를 수거해 바다에 수장하고 있다. 4·3 사건 때 해녀들에 의해 수장된 일본군의 총이 건져져 무장대의 무기로 활용되었다.
• 사진 미 국립문서기록관리청

제주 4·3 사건이 진행 중이던 1948년 7월경 사진으로 갈옷을 입고 있는 주민이 토벌대와 이야기를 나누는 모습.

해녀 항쟁의 주역들이 다녔던 하도강습소 제1회 졸업 기념사진. 부춘화, 김옥련, 부덕량이 함께 했다. 제주 해녀들은 약 238회에 달하는 집회를 벌인 끝에 일본인 도사를 굴복시켰다.

제주농업학교에 설치된 보병 제2연대 정문 모습. 제9연대와 교대하여 제2연대가 4·3 사건 진압부대로 왔다. 미군 비밀문서에서는 제2연대장은 '폭도 지역'에서 발견된 모든 사람을 사살하는 등 가혹한 작전을 폈다고 기록하고 있다.

1948년 5월 5일 제주 4·3 사건 대책 협의를 위해 도착한 미군정. 회의에서 조병옥 경무부장은 강경 진압, 김익렬 연대장은 평화적 해결을 주장, 미군정은 강경 진압을 선택했다. ·사진 미 국립문서기록관리청

1989년 4월 3일 제주 4·3 사건 발발 41주년을 맞아 열린 4·3 추모 및 진상 규명촉구 대회의 모습.

1994년 제1회 4·3 합동위령제 모습. 4·3 사건의 가장 큰 상징은 화해와 상생, 평화와 인권이다.

1992년 4월 2일 구좌읍 다랑쉬굴에서 11구의 유골과 각종 유물이 발굴되었다. 희생자 가운데는 9살 어린이가 포함되어 있어 충격을 주었다. · 사진 김기삼

해방 직후의 관덕정 모습. 제주도 유격대를 이끌던 이덕구 시신이 1949년 6월 7일 관덕정에서 십자가에 매달려 전시되었다.

특별중대에게 고문을 당하고 트럭에 실려온 사람들은 이곳 터진목에서 학살당했다. 많은 사람들이 불에 태워지거나 바다에 수장당했다.
· 사진 43archives.or.kr

빌레못굴 학술조사 모습. 굴 입구가 큰 바위로 가려져 있어서 숨기 좋았다. 사람들은 굴속으로 숨어들었지만 결국 산속을 뒤지던 토벌대에게 들키고 말았다.

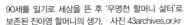

90세를 일기로 세상을 뜬 후 '무명천 할머니 삶터'로 보존된 진아영 할머니의 생가. · 사진 43archives.or.kr

참고 문헌

제주4·3연구소, 《이제사 말햄수다》, 한울, 1989

현기영, 《바람 타는 섬》, 창작과비평사, 1989

청소년정서교육연구회, 《자유를 찾아서》, 정한출판사, 1990

제민일보4·3취재반, 《4·3은 말한다1~6》, 전예원, 1998

강준만, 《한국 현대사 산책》, 인물과사상사, 2002

제주민예총4·3문화예술제사업단, 《다랑쉬굴의 슬픈 노래》, 각, 2002

양정심, 《제주 4·3 항쟁》, 선인문화사, 2008

박명림 외 4인, 《해방 전후사의 인식》, 한길사, 2006

현임종, 《보고 듣고 느낀 대로》, 대동출판사, 2013

역사학연구소, 《함께 보는 한국 근현대사》, 서해문집, 2016

정병준 외 10인, 《한국 현대사》, 푸른역사, 2018

제주4·3사건위원회, 〈한라산은 알고 있다(묻혀진 4·3의 진상)〉, 1995

제주문화원, 〈문학 속의 제주〉, 1997

제주문화원, 〈제주 여인상〉, 1998

제주4·3사건진상규명및희생자명예회복위원회, 〈제주 4·3 사건 자료집1(신문 편)〉, 선인, 2001

김찬흡, 〈제주사 인명 사전〉, 제주문화원, 2002

제주4·3사건진상규명및희생자명예회복위원회, 〈제주 4·3사건 진상조사 보고서〉, 2003

제주사랑역사교사모임, 〈청소년을 위한 제주 역사〉, 각, 2008

김관후, 〈4·3과 인물〉, 제주문화원, 2018

4·3 평화재단, 〈4·3과 평화〉, 2010

조남수 〈4·3진상〉

김석규 〈녹수생애지〉

〈하도향토지〉, 〈세화리지〉, 〈대정읍지〉, 〈조천읍지〉

제주특별자치도, 〈사진으로 보는 제주역사 1, 2〉, 2009

● 게재 허락을 받지 못한 사진은 저작권자가 확인되는 대로
  사용 허가를 받고 통상의 사용료를 지급하겠습니다.